电子商务基础与实务（第2版）

主　编　麻云贞　刘春青

副主编　武晓燕　蔡冬晖　崔艳薇

　　　　要　莹　王　倩

北京理工大学出版社
BEIJING INSTITUTE OF TECHNOLOGY PRESS

内 容 提 要

本书以电子商务职业活动为主线，系统地介绍了电子商务的基本概念、基本理论和方法，以及业务操作流程。根据学生的学习能力和职业技能的形成特点，本书按照项目化的编写体例设计了初识电子商务、电子商务模式、电子支付与网上银行、电子商务安全、网络营销、电子商务物流、新媒体平台电商带货、淘宝PC端与移动端开店与运营、微店初级实训 9 个单元内容。教材注重"做中教""做中学"，将理论和实践相结合，每单元都设计了"体验""案例""演练"等环节，图文并茂、深入浅出，具有很强的趣味性和可操作性，使学生能够熟练掌握电子商务基础知识和网店运营的基本技能。

本书可作为电子商务专业、计算机专业或经济类专业相关课程的教学用书，同时也可以作为电子商务、网络营销等从业人员的培训教材或创业者的指导用书。

图书在版编目（CIP）数据

电子商务基础与实务 / 麻云贞，刘春青主编. -- 2
版. -- 北京：北京理工大学出版社，2022.2

ISBN 978-7-5763-1043-6

Ⅰ. ①电… Ⅱ. ①麻… ②刘… Ⅲ. ①电子商务—基
本知识 Ⅳ. ①F713.36

中国版本图书馆CIP数据核字（2022）第030688号

出版发行 / 北京理工大学出版社有限责任公司

社　　　址 / 北京市海淀区中关村南大街5号

邮　　　编 / 100081

电　　　话 /（010）68914775（总编室）
　　　　　　（010）82562903（教材售后服务热线）
　　　　　　（010）68944723（其他图书服务热线）

网　　　址 / http://www.bitpress.com.cn

经　　　销 / 全国各地新华书店

印　　　刷 / 定州市新华印刷有限公司

开　　　本 / 889毫米×1194毫米　1/16

印　　　张 / 11.5　　　　　　　　　　　　　　责任编辑 / 张荣君

字　　　数 / 300千字　　　　　　　　　　　　文案编辑 / 张荣君

版　　　次 / 2022年2月第2版　2022年2月第1次印刷　责任校对 / 周瑞红

定　　　价 / 72.00元　　　　　　　　　　　　责任印制 / 边心超

图书出现印装质量问题，请拨打售后服务热线，本社负责调换伴随信息技术的快速发展和互联网的广泛应用，电子商务的发展日新月异。培养一批既懂理论知识又懂企业电子商务运营的应用型人才已成为当务之急。为了适应时代的发展和实践的需要，我们组织编写了本书。

电子商务课程帮助学生掌握电子商务的必备理论知识和网上开店的基本流程，培养学生获得与电子商务相关的学习能力、操作能力、营销能力，训练学生的动手实践能力，增强学生的创业意识、交流沟通能力等。

本书依据电子商务的发展现状与发展趋势，将当下前沿的电子商务知识与技能作为主要学习内容，理论知识和实训任务相结合，突出了实训环节的重要性。实训任务的设计紧紧围绕与电子商务岗位能力匹配的工作展开，注重实用性和可操作性。

本书共9个单元，理论内容包括初识电子商务、电子商务模式、电子支付与网上银行、电子商务安全、网络营销、电子商务物流、新媒体平台电商带货、淘宝PC端与移动端开店与运营和微店初级实训。实训部分包括PC电商案例实训和移动电商案例实训，具体分为开店流程、店铺装修、店铺管理、店铺运营和推广、网店经营与售后服务等，有效地将电子商务理论知识和实训技能结合起来，更加贴近电子商务实践，实用性更强。

本书为符合院校学生的学习现状，强调基础理论知识以"必需、够用"为度，突出职业能力的培养，以动手实践为引导，充分调动学生学习的主动性，体现了"以就业为导向，以学生为主体"的教学理念，全面、清晰地阐述了电子商务专业知识的基本理论框架。内容紧扣电子商务的发展前沿，融入电子商务的新知识、新技术、新工具、新模式，具有新颖性、实用性、完整性的特点。

本书积极应对行业最新的发展趋势，在内容上更加新颖，在应用上更加注重学生的理解分析、实际应用能力的培养，体现了职业教育对教材形式、内容的需求与企业对人才知识、技能的要求相统一的特点。学生在学习过程中，能够理论联系实际，通过动手实践达到学以致用的目标。本书把最近几年出现的电子商务方面的理论知识进行了系统总结，紧扣时代的发展脉搏，展现了当前电子商务发展的最新态势，在具体的知识点内穿插大量最新案例，以加深学生对理论知识的理解。本书每单元都安排了需要学生主动思考、分析、应用的习题，帮助学生理论联系实际，加深对所学知识的进一步掌握。

本书还提供了素材库，其中包括每单元习题的参考答案、模拟试卷、课件和电子教案，以及与本书实践环节相关的视频及操作步骤等内容。

　　在本书编写过程中，编者参阅、借鉴、引用和吸收了很多著作、教材、文献及网站资料，在此谨向原作者表示深深的感谢和敬意。由于编者的水平有限，书中难免有不足之处，恳请读者批评指正。

编　者

目 录

单元 9

附录

单元 1
初识电子商务

电子商务是一种采用先进信息技术的买卖方式。交易各方将自己的各类供求意愿按照一定的格式输入电子商务网站，电子商务网站便会根据用户的要求，寻找相关信息并提供给用户多种买卖选择。一旦用户确认，电子商务就会协助完成合同的签订、分类、传递和款项收付等全套业务。这就为卖方以较高的价格卖出产品，买方以较低的价格买入商品和原材料提供了一条非常好的途径，如"拼多多""京东""淘宝"等。

1.1   电子商务概述

电子商务是什么？它是如何产生的？它给人们带来了哪些实惠与便利？要想知道这些问题，就需要了解电子商务的发展情况。

1.1.1   体验电子商务

1.淘宝网

最近你想购买什么商品，打开淘宝网（www.taobao.com），如图1-1所示，搜索这款商品，查看有多少店家出售这种商品，打开几款价格相近的，查看"商品详情"和"累计评价"并进行比较。根据比较的结果你会选择在网上购买这款商品吗，为什么？

图1-1   淘宝网

2.携程网

寒假你想去哪里旅游，打开携程网（www.ctrip.com），如图1-2所示，查看网上订酒店、订机票和旅游线路，总结该网站提供的服务。

图 1-2 携程网

3.阿里巴巴

登录阿里巴巴（www.1688.com），如图 1-3 所示，了解阿里巴巴的创建史。

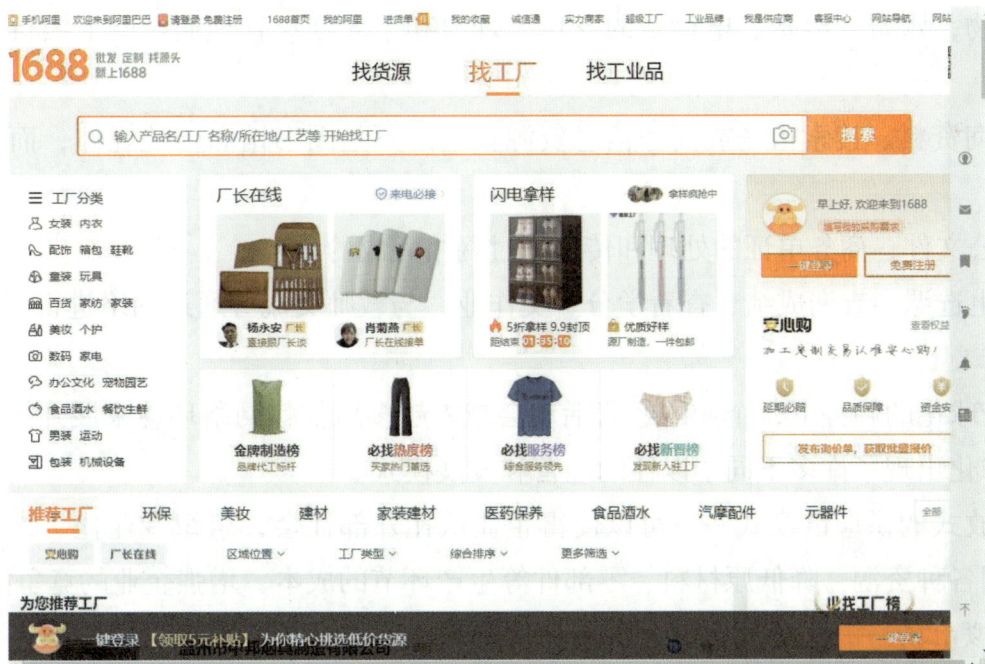

图 1-3 阿里巴巴

阿里巴巴是全球最大的网上贸易网站,创建于1999年,经营多项业务。关联公司包括淘宝网、天猫、聚划算、全球速卖通、阿里巴巴国际交易市场、1688、阿里妈妈、阿里云、菜鸟网络等,主要服务对象是（大中小）企业以及个人。

20 多年来, 阿里巴巴已由一家电子商务公司彻底蜕变为以技术驱动, 包含数字商业、金融科技、智慧物流、云计算、人地关系、文化娱乐等场景的平台，服务数以亿计的消费者和数千万的中小企业。阿里巴巴致力于"让天下没有难做的生意"，开拓数字经济时代的商业基础设施，助力消费市场繁荣，推动各行各业走向数字化、智能化。

💭 思考：什么是电子商务，它是如何产生的，它有哪些特点和优势？

1.1.2　电子商务产生的条件

1.社会网络化

在网络化的社会环境中，人们的社会生活已经离不开网络。例如以下场景就是我们现实生活的一部分。

（1）人们回家或到办公室的第一件事就是上网检查电子邮箱（E-mail）和语音信箱（Voice-mail）。

（2）出门或出差前先上网查询本地和目的地的天气预报。

（3）在繁忙的工作之余，如果有短暂的休息，首先会上网去看自己所感兴趣的新闻或娱乐信息。

（4）人与人之间的沟通和交流，通过E-mail、电话或上网聊天进行。

（5）休闲娱乐完全可以根据自己的时间和兴趣爱好，通过网络寻找伙伴进行。

（6）购物，水费、电费、电话费的支付，理财和个人账户管理通过网上银行和电子商务系统完成。

（7）查询资料、搜索市场或商务信息资源首选的不是图书馆和传统媒体，而是通过网络媒体搜索。

（8）办公文件、商务单证的处理和传递通过网络完成的。

（9）学生选课、查询成绩、查看学分、交作业、与教师交流等通过网络进行。

2.经济全球化

在经济全球化的趋势下，企业的经营活动会越来越多地依赖网络环境来展开。在网络支持下，经济全球化出现了许多不同于以往的经营和发展模式。

（1）开放式的供应链模式——可以使得企业依托外部社会，组织专业化、社会化的大生产，充分利用各种资源，降低原材料、零部件等生产环节的成本，增强企业的竞争能力。

（2）虚拟市场——这种没有资金占用和货物积压负担的信息市场可以给顾客更多的选择和更大的市场空间。

（3）跨国经营、跨国兼并、连锁企业、合资企业、外资企业——充分利用世界各国、各地区经济发展的不平衡和劳动力资源的不同，降低企业生产成本，获取更大的利润，参与更大范围的国际竞争。

（4）订单装配（OEM）生产方式——产品拥有者和产品的实际加工生产者分离。

（5）市场范围和利益的重新划分——经营范围扩大、获取利润的最大化以及市场格局和利益的重组。

（6）金融资产的自由流动和财富内涵的重新界定。

3.信用卡普及应用

信用卡以其方便、快捷、安全等优点成为人们消费支付的重要手段，并由此形成了完善的全球性信用卡计算机网络支付与结算系统，使"一卡在手，走遍全球"成为可能，同时也为电子商务的网上支付提供了一个重要手段。

4.安全交易协议的制定

安全电子交易协议（Secure Electronic Transaction，SET）由维萨（VISA）国际组织、万事达（MasterCard）国际组织创建，结合 IBM、Microsoft、Netscope、GTE 等公司制定的电子商务中安全电子交易的国际标准，该协议给出了一套电子交易的过程规范，为开发网络上的电子商务提供了一个关键的安全环境。

5.政府的支持与推动

自 1997 年欧盟发布了相关电子商务协议，美国随后发布"全球电子商务纲要"以后，电子商务受到世界各国政府的重视，许多国家的政府开始尝试"网上采购"，这为电子商务的发展提供了有力的支持。

近年来我国电子商务发展迅猛，同样离不开政府的支持与推动，政府从降低准入门槛、合理降税减负、加大金融服务支持等方面来营造宽松的电子商务发展环境。2017 年中央一号文件又提出了推进农村电商发展，以"互联网+"整合农村电商资源，指明了农村电商的发展方向，为电子商务的发展注入了新的活力。

1.1.3 电子商务的内涵

电子商务是在 Internet 开放的网络环境下，基于浏览器/服务器应用方式，实现消费者的网上购物、商户之间的网上交易和在线电子支付的一种新型的商业运营模式。

1.电子商务的定义

电子商务的狭义定义和广义定义如图 1-4 所示。

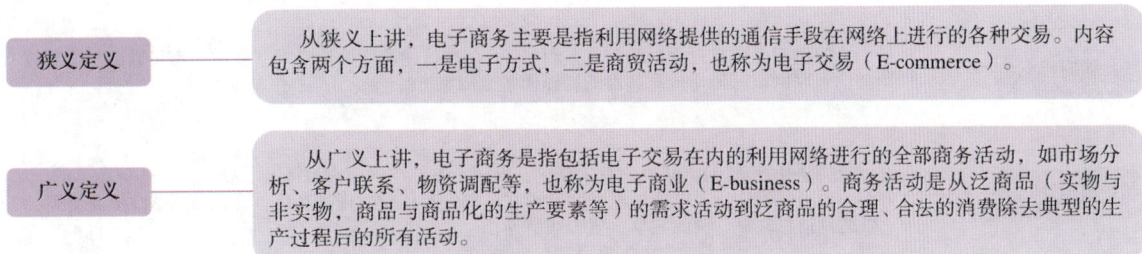

狭义定义	从狭义上讲，电子商务主要是指利用网络提供的通信手段在网络上进行的各种交易。内容包含两个方面，一是电子方式，二是商贸活动，也称为电子交易（E-commerce）。
广义定义	从广义上讲，电子商务是指包括电子交易在内的利用网络进行的全部商务活动，如市场分析、客户联系、物资调配等，也称为电子商业（E-business）。商务活动是从泛商品（实物与非实物，商品与商品化的生产要素等）的需求活动到泛商品的合理、合法的消费除去典型的生产过程后的所有活动。

图 1-4　电子商务的狭义定义与广义定义

2.电子商务的支撑环境

（1）传统因素电子商务影响的不仅仅是交易各方的交易过程，它在一定程度上改变了市场的组成结构和规则。传统上，市场交易链是在商品、服务和货币的交换过程中形成的，电子商务则强化了信息因素的重要性，于是就有了信息商品、信息服务和电子货币。贸易的实质没有变化，但是贸易过程中的一些环节，因为所依附的载体发生了变化，也相应地改变了形式。这样，从个别企业来看，贸易的方式发生了一些变化；从整个贸易环境来看，有的商业机会消失了，同时新的商业机会产生了，有的行业衰退了，同时新的行业兴起了，从而使整个贸易格局呈现出崭新的面貌。

（2）其他因素电子商务的支撑环境除了传统商业的因素之外，还包括如下因素。

①信息高速公路。实际上是指网络基础设施的建设，就是一个高速度、大容量、多媒体的信息传输网络，它使每一台联网的计算机都能够随时通过网络同世界成为一体。

②电子商务政策法规和技术标准的制定。在过去的几年中，随着中国电子商务的发展，中国电子商务法规政策也取得了长足的进步。2004年8月28日第十届全国人民代表大会常务委员会第十一次会议通过了《中华人民共和国电子签名法》，并于2005年4月1日开始实施。随后又颁布了多项法规来推动电子商务的发展。就整个网络环境来说，标准对于保证兼容性和通用性是十分重要的。技术标准定义了用户接口、传输协议、信息发布标准等技术细节。目前许多的厂商、机构都意识到标准的重要性，正致力于联合起来开发统一标准，如维萨信用卡（VISA）、万事达信用卡（Master Card）的发行商已经同业界合作，制定出保障电子商务安全支付的SET协议。

③信息的网上发布、查询、检索的实现。像淘宝、京东等，一个复杂的网站服务器，可以向一个特定的查询者提供符合其个人习惯的目录，其功能比任何用户登记卡的功能都更好、更持久。

④多媒体信息编辑工具的开发。网上传播的内容包括文本、图片、声音、图像、动画等，具有多媒体信息编辑功能的工具（如Photoshop、3ds Max等）进一步推动了电子商务的发展。

3.电子商务的特点

以互联网为依托的"电子"技术平台为传统商务活动提供了一个无比宽阔的发展空间，其突出的优越性是传统媒介手段根本无法比拟的，其特点如图1-5所示。

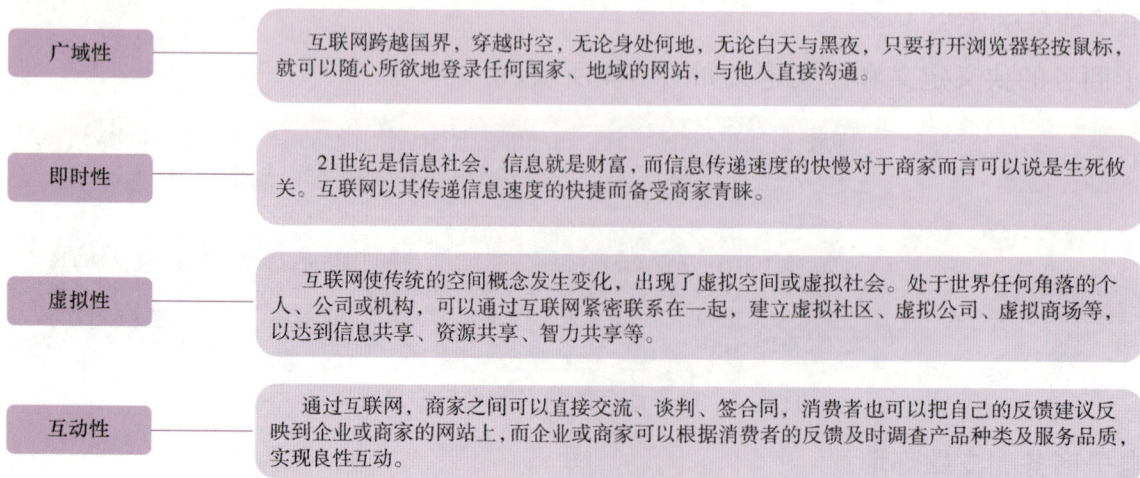

广域性	互联网跨越国界，穿越时空，无论身处何地，无论白天与黑夜，只要打开浏览器轻按鼠标，就可以随心所欲地登录任何国家、地域的网站，与他人直接沟通。
即时性	21世纪是信息社会，信息就是财富，而信息传递速度的快慢对于商家而言可以说是生死攸关。互联网以其传递信息速度的快捷而备受商家青睐。
虚拟性	互联网使传统的空间概念发生变化，出现了虚拟空间或虚拟社会。处于世界任何角落的个人、公司或机构，可以通过互联网紧密联系在一起，建立虚拟社区、虚拟公司、虚拟商场等，以达到信息共享、资源共享、智力共享等。
互动性	通过互联网，商家之间可以直接交流、谈判、签合同，消费者也可以把自己的反馈建议反映到企业或商家的网站上，而企业或商家可以根据消费者的反馈及时调查产品种类及服务品质，实现良性互动。

图1-5   电子商务的特点

1.1.4　电子商务的优势

电子商务是运用现代通信技术、计算机和网络技术进行的一种社会经济形态，其目的是通过降低社会经营成本、提高社会生产效率、优化社会资源配置，从而实现社会财富的最大化利用。

（1）电子商务一方面以电子流代替实物流，降低了成本；另一方面突破了时间和空间的限制，提高了效率。

（2）电子商务使中小企业有可能拥有和大企业一样的信息资源，提高了中小企业的竞争能力。

（3）电子商务具有开放性和全球性的特点，为企业创造了更多的贸易机会。

（4）电子商务使得生产者和消费者的直接交易成为可能。

（5）电子商务提供了丰富的信息资源，为企业的生产和决策提供了更多、更准确的数据。

1.1.5　电子商务的发展历程

自从互联网诞生以来，越来越多的企业"触网"，随着技术的进步和时代的发展，全球电子商务发展大致经历了以下几个阶段，如图1-6所示。

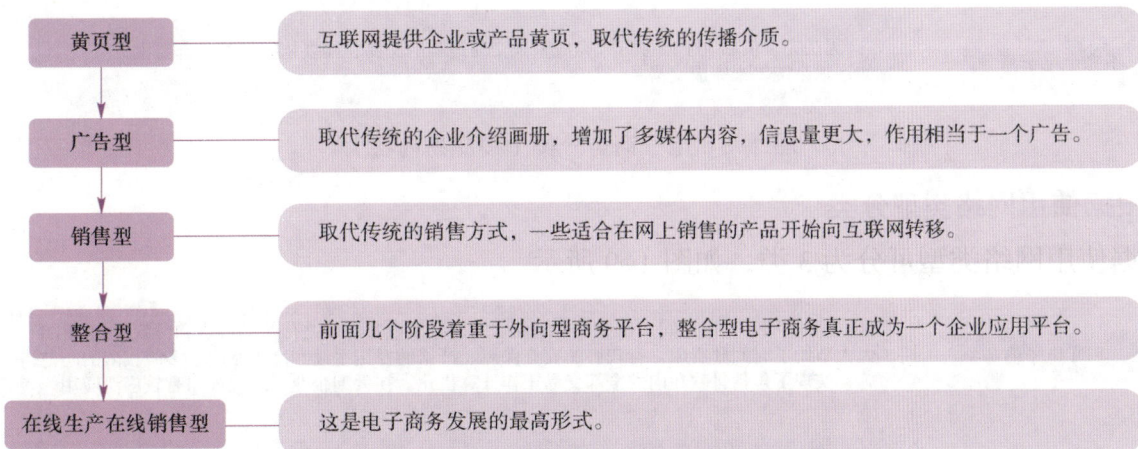

阶段	说明
黄页型	互联网提供企业或产品黄页，取代传统的传播介质。
广告型	取代传统的企业介绍画册，增加了多媒体内容，信息量更大，作用相当于一个广告。
销售型	取代传统的销售方式，一些适合在网上销售的产品开始向互联网转移。
整合型	前面几个阶段着重于外向型商务平台，整合型电子商务真正成为一个企业应用平台。
在线生产在线销售型	这是电子商务发展的最高形式。

图1-6　电子商务发展历程

1.1.6　电子商务的分类

电子商务是从传统生产和经营活动中发展起来的，是集产品信息沟通、商务洽谈、合同签订、资金支付为一体的一种新的社会经济动作模式。电子商务根据不同的标准，可分为不同的类别。

1.根据参与对象分类

根据参与对象可分为5种，如图1-7所示。

B2B 电子商务	电子商务的主流，大宗的交易多属于这一类型。今后将有更多的企业或商业机构加入，发展前景可观。
B2C 电子商务	企业或商业机构借助于互联网开展在线销售，为广大客户提供很好的搜索与浏览功能，使消费者很容易了解到所需商品的品质及价格；在网上直接订销，支付手段通常采用信用卡、智能卡、电子现金及电子支票等。
C2C 电子商务	互联网上产生的一种新模式，是个人对个人的商务交易方式，也有人称为P2P。其中兴起一种拍卖或竞买的网站，开展网络竞价交易，个人可以到网站注册入户，参加竞买。目前在网上拍卖的物品，主要有个人收藏珍品、计算机硬件、家用电器、影视、车辆配件、电子设备及书籍等。
B2G 电子商务	覆盖企业与政府之间的各项事务。政府通过网上服务，为企业创造良好的电子商务空间。如网上报批、网上报税、电子缴税、网上报关、EDI报关、电子通关等。
G2C 电子商务	在现在社会中，政府势必要将个人繁杂事务处理转到网上进行。这也正是电子商务中政府作为参与方所要从事的管理活动。

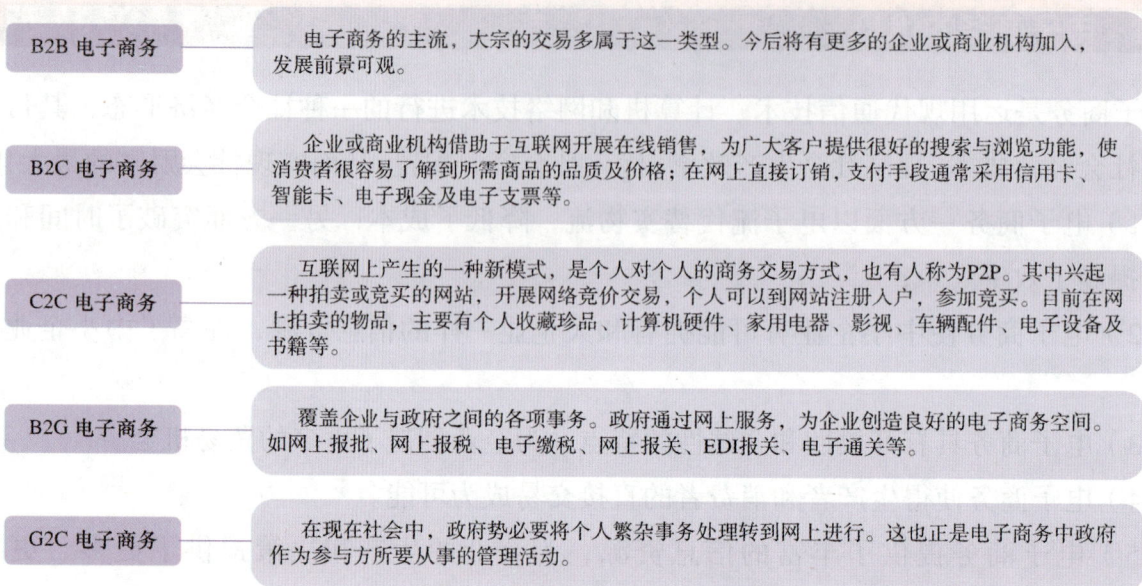

图1-7 电子商务分类（按参与对象）

2.根据交易内容分类

根据交易内容可分为2类，如图1-8所示。

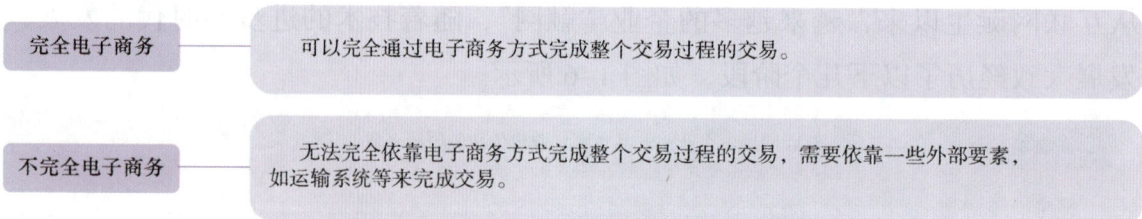

完全电子商务	可以完全通过电子商务方式完成整个交易过程的交易。
不完全电子商务	无法完全依靠电子商务方式完成整个交易过程的交易，需要依靠一些外部要素，如运输系统等来完成交易。

图1-8 电子商务分类（按交易内容）

3.根据使用网络类型分类

根据使用网络类型可分为3类，如图1-9所示。

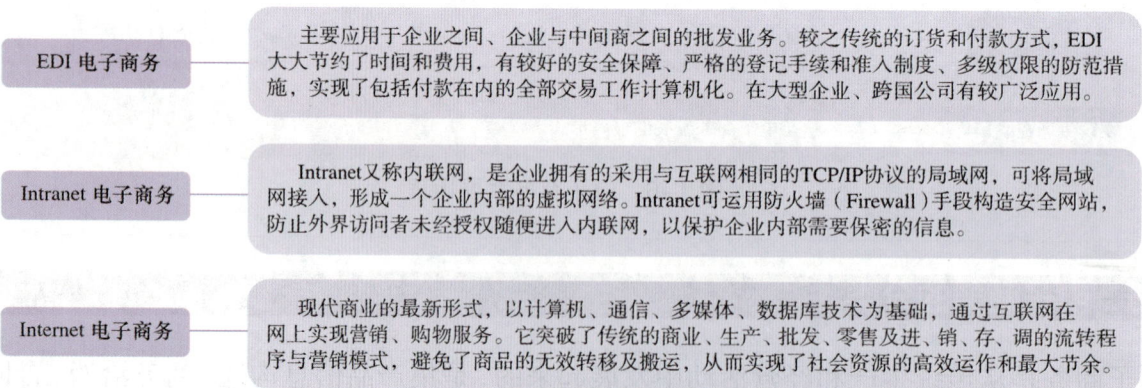

EDI 电子商务	主要应用于企业之间、企业与中间商之间的批发业务。较之传统的订货和付款方式，EDI大大节约了时间和费用，有较好的安全保障、严格的登记手续和准入制度、多级权限的防范措施，实现了包括付款在内的全部交易工作计算机化。在大型企业、跨国公司有较广泛应用。
Intranet 电子商务	Intranet又称内联网，是企业拥有的采用与互联网相同的TCP/IP协议的局域网，可将局域网接入，形成一个企业内部的虚拟网络。Intranet可运用防火墙（Firewall）手段构造安全网站，防止外界访问者未经授权随便进入内联网，以保护企业内部需要保密的信息。
Internet 电子商务	现代商业的最新形式，以计算机、通信、多媒体、数据库技术为基础，通过互联网在网上实现营销、购物服务。它突破了传统的商业、生产、批发、零售及进、销、存、调的流转程序与营销模式，避免了商品的无效转移及搬运，从而实现了社会资源的高效运作和最大节余。

图1-9 电子商务分类（按使用网络类型）

4.根据交易过程分类

根据交易过程可分为3类，如图1-10所示。

交易前电子商务	主要是指买卖双方和参加交易各方在签订贸易合同前的准备活动。
交易中电子商务	主要是指买卖双方签订合同后到合同开始履行之前办理各种手续的过程。交易中要涉及有关各方，如中介方、金融机构、海关系统、运输公司等。
交易中电子商务	主要是指从买卖双方办完各种手续开始，卖方要备货、发货，同时进行报关、保险、发信用证等，将所售商品交付给运输公司包装、发货，买卖双方可以通过电子商务服务器跟踪发出的货物，金融机构也按照合同处理双方收付款，出具相应的银行单据等，直到买方收到自己所购商品才完成整个交易过程。

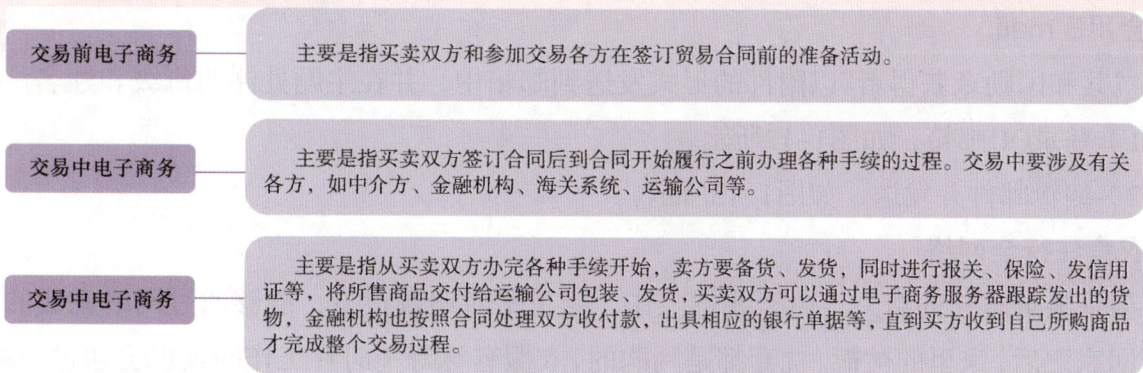

图 1-10　电子商务分类（按交易过程）

1.2　Internet

Internet 是当今世界上规模最大、信息资源最丰富、最开放的由成千上万台计算机相互连接而成的全球计算机网络。下面就将进入 Internet，了解它的功能及特点。

1.2.1　体验 Internet

1.共和国勋章获得者

共和国勋章是中华人民共和国最高荣誉勋章，授予在中国特色社会主义建设和保卫国家中作出巨大贡献、建立卓越功勋的杰出人士，可以进入 Internet，搜索共和国勋章获得者的资料，如图 1-11 所示，并将自己感兴趣的内容整理成 Word 文档，保存为"共和国勋章获得者"。

图 1-11　搜索"共和国勋章获得者"资料

2.会用E-mail

将"共和国勋章获得者"以附件的形式发送到邮箱中，并在主题处注明班级和姓名。

（1）登录QQ邮箱，如图1-12所示。

（2）编辑邮件并发送，如图1-13所示。

3.衣食住行全网络

小芸是某杂志社的新人，由于要忙工作，家里平时照顾很少，能够通过网络完成的事情绝不拖到回家之后，家里的被褥、枕套都是网购的，衣服鞋袜等平时在工作间隙也会通过网络购买，直接等快递就可以。

图 1-12　QQ 邮箱

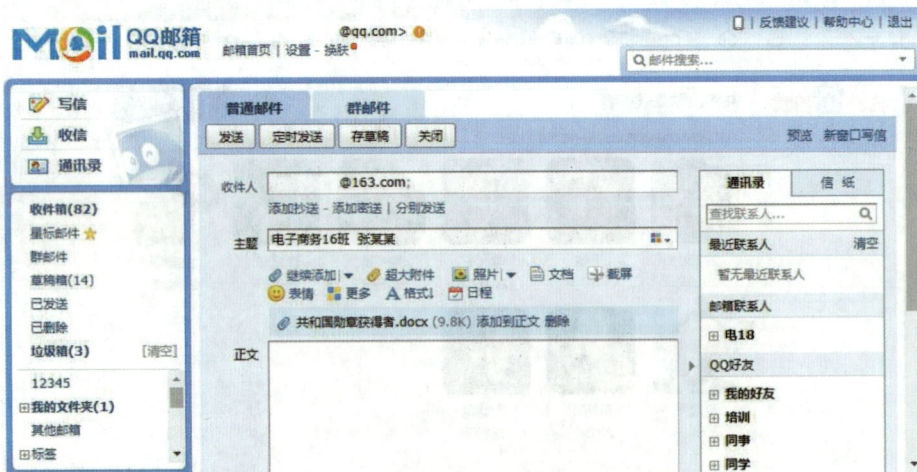

图 1-13　编辑邮件

此外，每到月底她都会准时将水、电、气费通过网络支付的形式直接转给物业。家里一般不开火，在外面吃饭，和朋友聚会都会先订好位子；如果想看电影，会直接在网上选座购票。

🔔 思考：什么是Internet，它有哪些特点，它的主要功能有哪些？

1.2.2   Internet 的含义

Internet 是一个把分布于世界各地不同结构的计算机网络用各种传输介质（电缆或光缆）互相连接起来的网络，也称之为"网络的网络"。Internet 是能够提供信息资源查询和信息资源共享的全球最大的信息超市，是"信息高速公路"的雏形，中文译名为因特网、英特网、国际互联网等。

1.2.3   Internet 的主要功能

Internet 是一套通过网络来完成有用的通信任务的应用程序，下面是 Internet 的几项最广为流行的功能。

1.WWW功能

World Wide Web（WWW）在中文里常被译为"万维网"，除发音相近外，也体现了其变化万千的内涵。用户借助于一个浏览器软件，在地址栏中输入所要查看的页面网址（或域名），就可以连接到该地址所指向的 WWW 服务器，从中查找所需的图文信息。访问 WWW 既可以漫无边际地徜徉，也可以直接去目标页面，所以也称"Web 冲浪"。

2.电子邮件（E-mail）

有了通达全球的 Internet 后，人们首先想到的是可以利用它进行个人之间的通信，而且这种通信应能兼具电话的速度和邮政的可靠性等优点，这便是 E-mail。通过它，每人都可以有自己的私有信箱，用以储存已收到但还未来得及阅读的信件，E-mail 地址包括用户名加上主机名，并在中间用 @ 符号隔开，如 358724161@qq.com、banjizuoye@163.com。

3.文件传输（FTP）

电子邮件能传送文件，同时 Internet 提供了称为 FTP（File Transfer Protocol）的文件传输应用程序，使用户能发送或接收非常大的数据文件：当用户发出 FTP 命令，连接到 FTP 服务器后，可以输入命令显示服务器存储的文件目录，通过网络传递到自己的计算机中。

4.远程登录（RemoteLogin）

远程登录允许用户从一台机器连接到远程的另一台机器上，并建立一个交互的登录连接。登录后，用户的每次操作都传递到远程主机，由远程主机处理后将字符回送到本地的机器中，就像用户直接在对这台远程主机操作一样，远程登录通常需要有效的登录账号来接受对方主机的认证。常用的登录程序有 Telnet、SSH、Rlogin 等。

5.新闻组（Usenet）

Usenet 是 Internet 上的讨论小组或公告牌系统（BBS）。Usenet 在一套名为"新闻组"的标题下组织讨论，用户可以阅读别人发送的新闻或发表自己的文章。新闻组包括十大类、数千组"新闻"，平均每一组每天都有成百上千条"新闻"公布出来。新闻组的介入方式多样，可以在上面高谈阔论、提问题或只浏览别人的谈论。

1.2.4 Internet 的特点

Internet 的特点如图 1-14 所示。

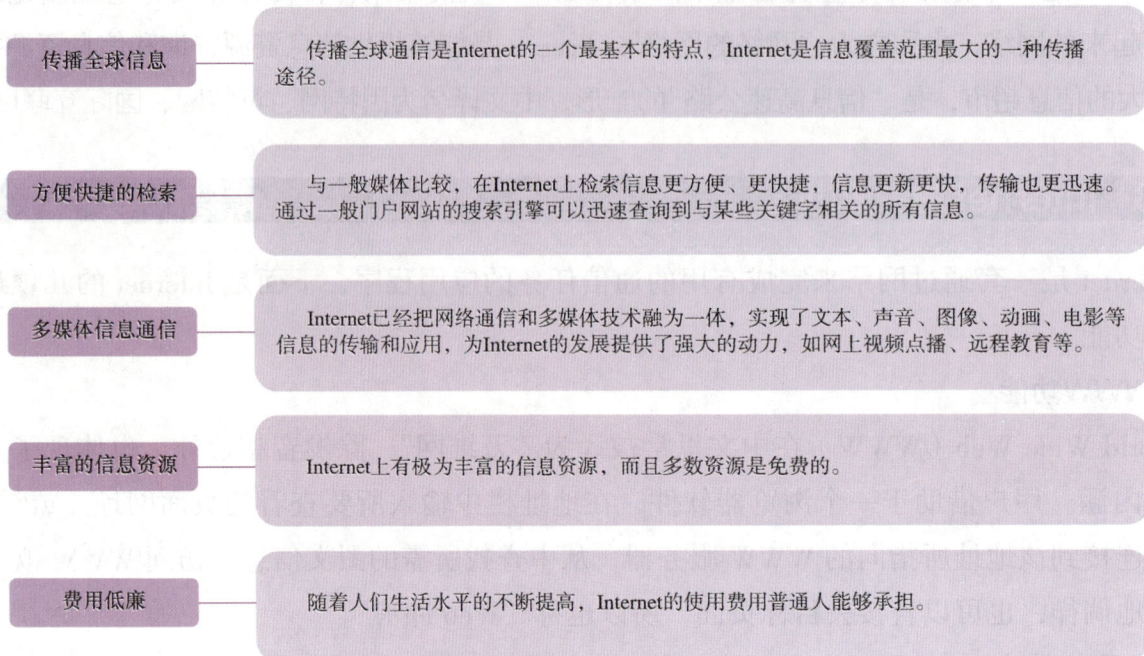

传播全球信息	传播全球通信是Internet的一个最基本的特点，Internet是信息覆盖范围最大的一种传播途径。
方便快捷的检索	与一般媒体比较，在Internet上检索信息更方便、更快捷，信息更新更快，传输也更迅速。通过一般门户网站的搜索引擎可以迅速查询到与某些关键字相关的所有信息。
多媒体信息通信	Internet已经把网络通信和多媒体技术融为一体，实现了文本、声音、图像、动画、电影等信息的传输和应用，为Internet的发展提供了强大的动力，如网上视频点播、远程教育等。
丰富的信息资源	Internet上有极为丰富的信息资源，而且多数资源是免费的。
费用低廉	随着人们生活水平的不断提高，Internet的使用费用普通人能够承担。

图 1-14 Intert 的特点

1.2.5 IP 地址和域名

IP（Internet Protocol）地址是一种标识符，用于标识系统中的每个对象的位置，即地址指明对象在哪里，就好像每一个住宅都要有唯一的门牌号，信件才能正确投递；每一台计算机都要有唯一的地址，数据才能正确传输。

Internet 上计算机的 IP 地址有两种表示形式：IP 地址和域名。域名是用有实际意义的字母或数字组合来表示的，它相对于 IP 地址而言要容易记忆，有多少人能记住百度首页的 IP 地址 220.181.38.149，或者天猫首页的 IP 地址 27.128.222.230 呢？而域名要好记得多，如百度的域名是 baidu.com，而天猫的域名是 tmall.com。

计算机在相互通信时只能辨认 IP 地址而非域名。所以如果用域名来访问 Internet 资源时，首先需要把域名翻译成相应的 IP 地址，然后计算机之间才能建立通信，这个过程就是域名解析。它是由域名服务器（Domain Name Server）完成的，能把域名转换成计算机能够理解的 IP 地址。顶级域名机构与域名属性对照表如表 1-1 所示。

表1-1 顶级域名机构与域名属性对照表

域名机构	域名属性
com	商业机构
edu	教育机构
gov	政府部门
int	国际性机构
mil	军队
net	网络机构
org	非营利机构

1.3　大数据与云计算

随着云时代的来临，大数据也吸引了越来越多的关注。大数据的战略意义不仅在于掌握庞大的数据信息，更在于对这些含有意义的数据进行专业化处理。换而言之，如果把大数据比作一种产业，那么这种产业实现盈利的关键在于提高对数据的"加工能力"，通过"加工"实现数据的"增值"。

1.3.1　体验大数据

说到开店，重点必然就是在于卖什么，选品是每位新手卖家迈出第一步，选品实则属于市场调查。打开店通查网站（www.diantongcha.com），如图1-15所示，查看选品信息。

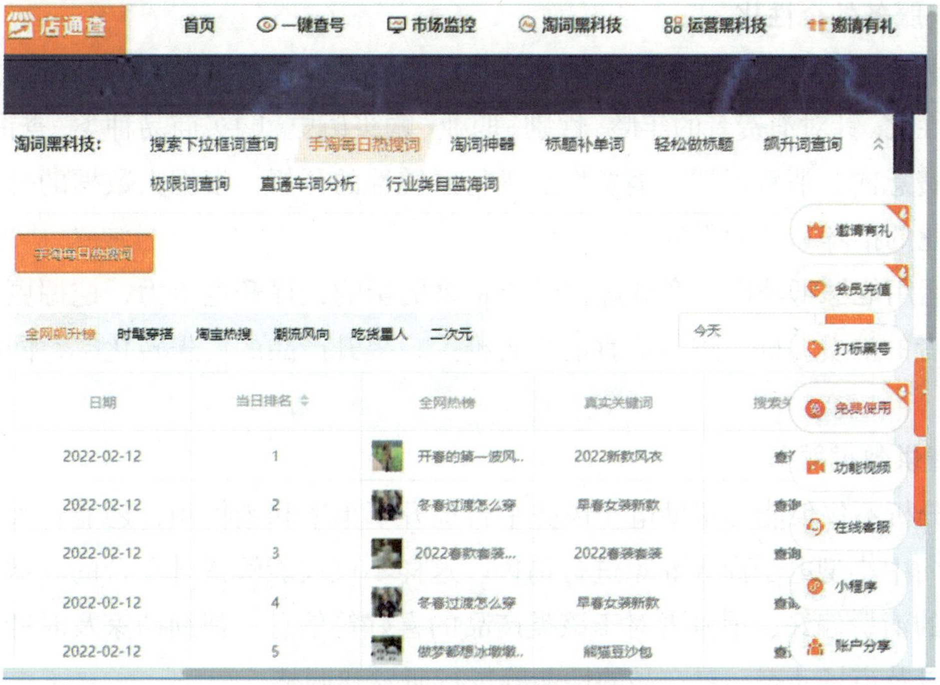

图1-15　店通查网站

💬 思考：什么是大数据？大数据在电子商务中有什么应用？

1.3.2　大数据的定义

大数据是一种规模大到在获取、存储、管理、分析方面大大超出了传统数据库软件工具能力范围的数据集合。

大数据是需要新处理模式才能具有更强的决策力、洞察发现力和流程优化能力来适应海量、高增长率和多样化的信息资产。

大数据具有海量的数据规模、快速的数据流转、多样的数据类型和价值密度低四大特征。

1.3.3 大数据在电子商务中的应用

大数据技术的目的是通过数据分析、处理和挖掘，提取出重要的、潜在的信息和知识，并将其转化为有用的模型，应用到科研、生产、运营和销售过程中，以解决实际问题。大数据在电子商务中的应用主要包括以下几个方面。

1.通过大数据进行市场营销

通过大数据进行市场营销能够有效地节约企业或电子商务平台的营销成本，还能够通过大数据来实现营销的精准化，达成精准营销。

通过大数据对消费者的消费偏好进行分析，在消费者输入关键词之后，提供与消费者消费偏好匹配程度较高的产品，节约了消费者寻找商品的时间，使交易双方实现快速的对接，实现电子商务平台或是企业营销的高效化。

2.实现导购服务的个性化

电子商务平台往往都会针对用户提供推荐和导购服务。通过大数据的分析和挖掘能够实现导购服务的个性化。针对消费者的年龄、性别、职业、购买历史、购买商品种类、查询历史等信息，对消费者的消费意向、消费习惯、消费特点进行系统性的分析，根据大数据的分析针对消费者个人制定个性化的推荐和导购服务。

大数据的运用能够抵消电子商务虚拟性所带来的影响，提升竞争力，挖掘更多的潜在消费者。针对消费者的消费偏好，进行适宜的广告推广，提升产品的广告转化率，同时提供个性化的导购服务。

3.为商家提供数据服务

大数据的分析不仅仅能够帮助电子商务平台提升下单率和销售额，还能将大数据的分析作为产品和服务向中小型电子商务商家进行销售。这样不仅仅能够提升平台的收益，还能帮助商家了解消费者的消费偏好、消费者对于该类产品的喜好等信息，帮助商家及时针对大部分消费者的消费偏好以及市场动态，对产品的性能等进行研发和调整。

4.优化配送方案，提高物流的及时性

当顾客购买商品时，物流配送的有效性直接影响到购物体验。通过大数据分析技术，电子商务物流可以准确地找到最省时的配送路线、配送方式等，整合物流资源，提高运输能力水平，进而提高物流配送的及时性，提高购买者的满意度。

1.3.4 大数据与云计算

云计算是分布式计算的一种，指的是通过网络"云"将巨大的数据计算处理程序分解成无数个小程序，然后通过多部服务器组成的系统进行处理和分析这些小程序得到结果并返回给用户。

大数据和云计算各有不同的关注点，但是在技术体系结构上，都是以分布式存储和分布式

计算为基础，所以二者之间的联系也比较紧密。从技术上看，大数据与云计算的关系就像一枚硬币的正反面一样密不可分。大数据必然无法用单台的计算机进行处理，必须采用分布式架构。它的特色在于对海量数据进行分布式数据挖掘。但它必须依托云计算的分布式处理、分布式数据库和云存储、虚拟化技术。从应用角度来看，大数据是云计算的应用案例之一，云计算是大数据的实现工具之一。

1.4　巩固练习

一、选择题

1.电子商务产生的条件是（　　）。

    A. 社会的网络化　　　　　　　　B. 经济的全球化　　　　　C. 信用卡的普及应用

    D. 安全交易协议的制定　　　　　E. 政府的支持与推动

2.以下属于电子商务特点的是（　　）。

    A. 真实性　　　　　　　　　　　B. 广域性

    C. 即时性　　　　　　　　　　　D. 互动性

3.根据使用网络类型分类，可将电子商务分为（　　）。

    A.EDI 电子商务　　　　　　　　B.Intranet 电子商务

    C.B2C 电子商务　　　　　　　　D.Internet 电子商务

4.买卖双方签订合同后到合同开始履行之前办理各种手续的过程属于（　　）。

    A. 交易前电子商务　　　　　　　B. 交易后电子商务

    C. 交易中电子商务　　　　　　　D. 非电子商务内容

5.以下 E-mail 地址中，不正确的是（　　）。

    A.zhsan@163.com　　　　　　　B.34434565@qq.com

    C.4324334qq.com　　　　　　　D.zhsan.qq@com.

6.Internet 的中文译名为（　　）。

    A. 因特网　　　　　　　　　　　B. 英特网

    C. 国际互联网　　　　　　　　　D. 广域网

7.允许用户从一台机器连接到远程的另一台机器上，并建立一个交互的登录连接，指的是 Internet 的（　　）。

    A. 文件传输功能　　　　　　　　B. 远程登录功能

    C.WWW 功能　　　　　　　　　D. 电子邮件功能

8.以下不属于 Internet 特点的是（　　）。

    A. 传播全球信息　　　　　　　　B. 费用高

    C. 方便快捷的检索   D. 多媒体信息通信

9. 以下属于商业域名的是（　　　）。

    A.www.163.com   B.www.sbs.edu

    C.www.usps.gov   D.www.001hr.net

10. 根据参与对象可将电子商务分为（　　　）。

    A. 完全电子商务   B.C2C 电子商务

    C.B2B 电子商务   D.B2C 电子商务

二、判断题

1. 电子商务是一种采用先进信息技术的买卖方式。   （　　　）

2. 电子商务的支撑环境不包括传统商业。   （　　　）

3. 从广义上讲，电子商务主要是指利用网络提供的通信手段在网络上进行的各种交易。

                                                  （　　　）

4. 信息高速公路实际上是指网络基础设施的建设，主要由骨干网、城域网、局域网等组成，它使每一台联网的计算机都能够随时通过网络同世界连为一体。   （　　　）

5. 电子商务使得生产者和消费者的直接交易成为可能。   （　　　）

6. 交易中电子商务主要是指买卖双方或参加交易各方在签订贸易合同前的准备活动。

                                                  （　　　）

7.Internet 是当今世界上规模最大、信息资源最丰富、最开放的由成千上万台计算机相互连接而成的全球计算机网络。   （　　　）

8.IP 地址是一种标识符，用于标识系统中的每个对象的位置。   （　　　）

9. 电子商务是在 Internet 开放的网络环境下，基于浏览器／服务器应用方式，实现消费者的网上购物、商户之间的网上交易和在线电子支付的一种新型的商业运营模式。   （　　　）

10. Intranet 是具有提供信息资源查询和信息资源共享的全球最大的信息超市。   （　　　）

三、简答题

1. 与传统商务相比，电子商务有哪些优势？

2. 简述电子商务的分类标准及类别。

3.Internet 的主要功能有哪些？

答案

单元 2
电子商务模式

电子商务模式随着其应用领域的不断扩大和信息服务方式的不断创新而层出不穷，目前主要分为以下6种类型。

1.企业与消费者之间的电子商务（Business to Consumer，B2C）。

2.企业与企业之间的电子商务（Business to Business，B2B）。

3.线下商务与互联网之间的电子商务（Online To Offline，O2O）。

4.消费者与消费者之间的电子商务（Consumer to Consumer，C2C）。

5.BOB 电子商务（Business-Operator-Business）。

6.B2B2C 电子商务（Business to Business to Customer）。

2.1 体验电子商务运作模式

1.浏览京东网站

（1）登录京东网站（www.jd.com），浏览网站首页，单击页面左下方"购物指南"中的"购物流程"链接，如图2-1所示。

图 2-1 京东"购物流程"链接

（2）进入"帮助中心"页面，单击"常见问题"中的"京东购物流程"，如图2-2所示。

图 2-2　"京东购物流程"页面

（3）了解京东购物流程，并在注册后选择自己需要的商品，查看商品详情，把喜欢的商品放入购物车。

2.浏览阿里巴巴网站

（1）登录阿里巴巴网站（www.1688.com），浏览网站首页，如图2-3所示。

图 2-3　阿里巴巴网站

（2）在搜索栏中输入"女包"，查看搜索结果，选择一款自己喜欢的包包，进入该商品的详情页面，查看商品信息，如图2-4所示。

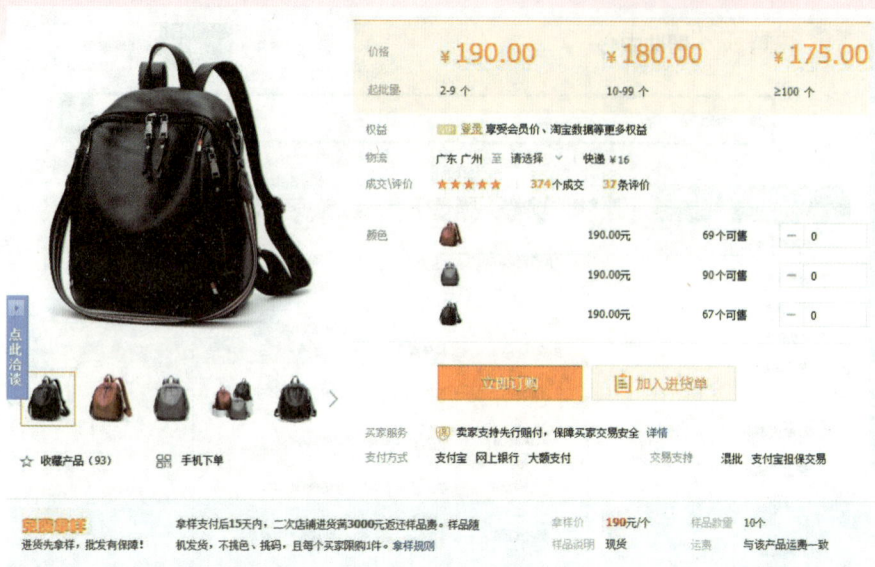

图 2-4 商品详情

（3）浏览阿里巴巴的特色市场，如产业带、伙拼、新品快订、淘工厂、代理加盟等，了解阿里巴巴提供的服务内容。

3.浏览美团网站

登录美团（https://meituan.com），浏览网站首页，如图 2-5 所示，了解其服务内容。

图 2-5 美团网

思考：美团网站提供的服务内容与京东和阿里巴巴网站提供的服务内容有什么不同？

4.浏览淘宝的闲鱼网站

（1）登录淘宝的闲鱼网站（https：//2.taobao.com），浏览网站首页，如图2-6所示。

图 2-6 闲鱼网

（2）浏览闲鱼网站首页右下方的教程，如图2-7所示，了解闲置物品交易策略。

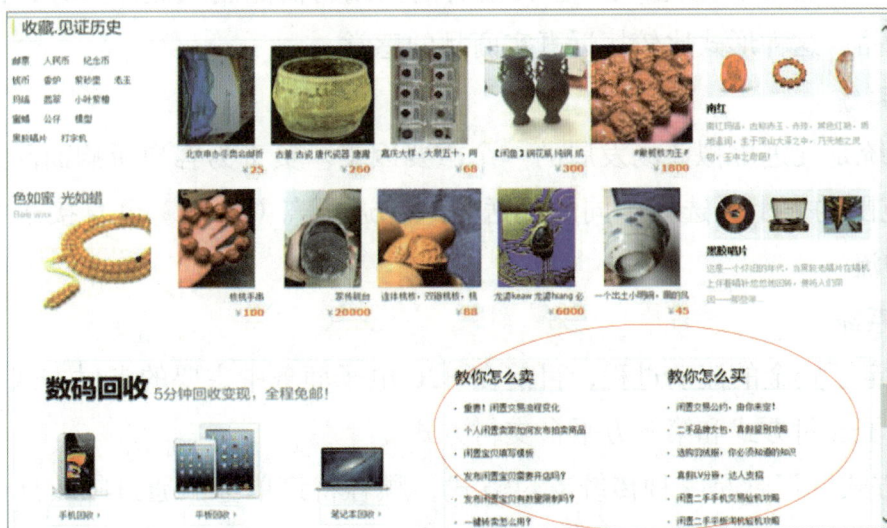

图 2-7 闲鱼网站教程

5.各网站比较

通过以上操作获得的信息，完成表 2-1。

表2-1 各网站比较

网站名称	网站模式	网站提供服务	同一类型网站举例
京东网			
阿里巴巴网			
闲鱼网			

2.2　B2C电子商务

B2C电子商务是企业通过Internet向个人网络消费者直接销售产品和提供服务的经营方式，即网上零售。企业通过互联网为消费者提供一个新型的购物环境即"网上商店"，消费者通过网络在网上购物、支付。它利用计算机网络使消费者直接参与经济活动，这种模式节省了企业和客户之间的时间和空间，提高了交易效率，降低了成本。例如，在京东网上购买了一本书，京东网上书城是企业Business，而用户则作为消费者Consumer，这种电子商务的应用称为B2C电子商务。

2.2.1　B2C电子商务的基本组成

B2C电子商务由网上商场、物流配送系统、支付结算系统及安全认证系统4个基本部分组成。

1.网上商场

网上商场也称为虚拟商场，是商家直接面向消费者的场所，为顾客提供在线购物，网上商场中陈列着琳琅满目的虚拟商品，与实际商品不一样，实际商品是物理的实体，虚拟商品由文字和图片等组成，只能看，不能"摸"。目前有的网站将商品制成立体形式，消费者可以从不同的角度观察商品，这种形式比较接近真实商品的感觉。

2.物流配送系统

物流配送系统是促进虚拟商场发展的一个重要因素。负责为客户所购商品进行商品配送，商家根据配送范围的大小可选择不同的配送方式，近距离（本市）可直接送货，远距离可用EMS或第三方物流。

3.支付结算系统

支付方式决定了资金的流动过程，目前在B2C电子商务中主要的支付方式有汇款方式、货到付款方式、电子支付方式和第三方平台支付方式。

（1）汇款方式。汇款是一种传统支付方式，顾客将订单金额通过邮政部门或银行汇到商户的一种结算支付方式。这种方式无法体现电子商务高速、交互性强、简单易用且运作成本低等优势。因此，这种支付方式并不能适应电子商务的长期高速发展。

（2）货到付款方式。货到付款又称送货上门，指按照客户提交的订单内容，在承诺配送时限内送达顾客指定交货地点后，双方当场验收商品并交纳货款的一种结算支付方式。目前，很多购物网站都提供这种支付方式。这是一个充满中国特色的B2C电子商务支付方式、物流方式，既解决了网上零售行业的支付和物流两大问题，又培养了客户对网络的信任。货到付款仍然是我国用户喜欢的支付方式之一。

（3）电子支付方式。电子支付是指通过银行卡或信用卡完成的支付。使用电子支付方式付款，已成为电子商务支付的主流。

（4）第三方平台支付方式。第三方平台支付是指客户和商家首先都在第三方支付平台上开立账户，并将各自的银行账户信息提供给第三方支付平台，第三方支付平台通知商家已经收到货款，商家发货；客户收到并检验商品后，通知第三方支付平台可以付款给商家，第三方支付平台再将款项划转到商家的账户中。这种支付方式有效降低了交易风险，是当前我国使用较多的支付方式。

4.安全认证系统

安全认证包括消费者身份确认及支付确认。在 B2C 电子商务模式中消费者身份确认大多数采用电话和电子邮件确认。

2.2.2 B2C 电子商务的购物流程

根据 2.1 节中的"浏览京东网站"，概括 B2C 电子商务的购物流程，如图 2-8 所示。

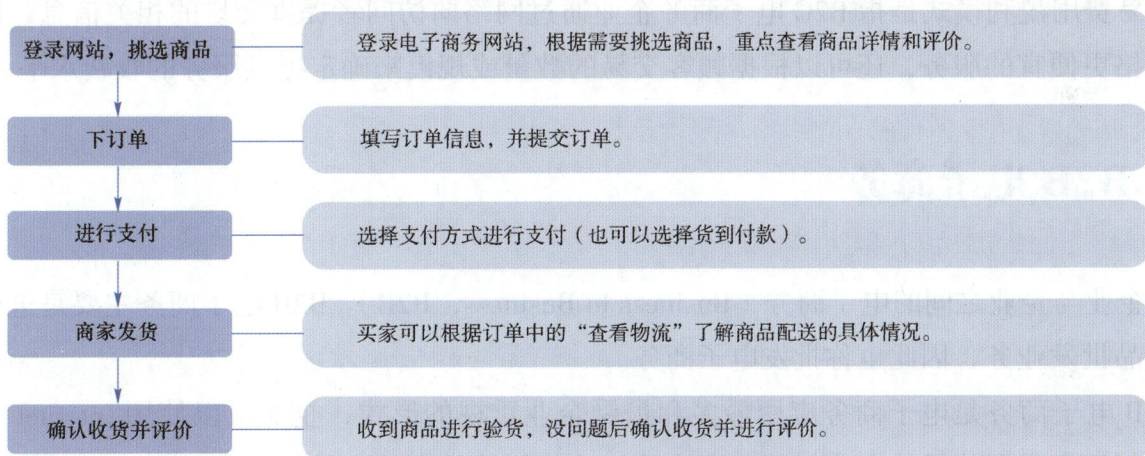

登录网站，挑选商品	登录电子商务网站，根据需要挑选商品，重点查看商品详情和评价。
下订单	填写订单信息，并提交订单。
进行支付	选择支付方式进行支付（也可以选择货到付款）。
商家发货	买家可以根据订单中的"查看物流"了解商品配送的具体情况。
确认收货并评价	收到商品进行验货，没问题后确认收货并进行评价。

图 2-8 B2C 电子商务的购物流程

2.2.3 B2C 电子商务的类型

按商品种类分类，可将 B2C 电子商务分为综合类和专门类，如图 2-9 所示。

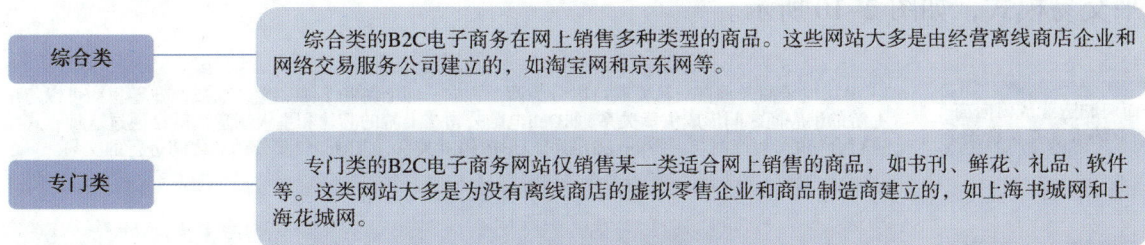

综合类	综合类的B2C电子商务在网上销售多种类型的商品。这些网站大多是由经营离线商店企业和网络交易服务公司建立的，如淘宝网和京东网等。
专门类	专门类的B2C电子商务网站仅销售某一类适合网上销售的商品，如书刊、鲜花、礼品、软件等。这类网站大多是为没有离线商店的虚拟零售企业和商品制造商建立的，如上海书城网和上海花城网。

图 2-9 B2C 电子商务的类型

2.2.4 B2C 电子商务的盈利模式

B2C 电子商务盈利模式很大程度上是由企业商家选择的 B2C 电子商务网站的运营模式决定的，也就是说不同的 B2C 电子商务网站运营模式，其盈利模式是不同的。

1.产品销售盈利模式

企业 B2C 的商品与服务交易收入是大多数企业 B2C 电子商务网站的主要盈利来源，是现阶段最主要的 B2C 电子商务盈利模式之一。

2.广告盈利模式

网络广告盈利不仅是互联网经济的常规收益模式，也是几乎所有电子商务企业的主要盈利来源。B2C 电子商务网站提供弹出式广告、Banner 广告、移动图片广告、文字广告等多种表现形式。

3.会员费盈利模式

实施会员制，收取会员费是 B2C 电子商务网站一种主要的盈利模式。B2C 网站根据不同的运营方式及提供的服务收取会员费用。

4. 交易费用盈利模式

交易费用盈利模式是指 B2C 电子商务企业通过网络向访问者提供交易的相关信息，以及比以往价格更便宜的服务，还可以根据顾客交易的数量或规模来确定提供服务的收费水平。

2.3 B2B 电子商务

是企业与企业之间的电子商务（Business to Business，B2B）。B2B 电子商务主要是进行企业间的产品批发业务，因此也称批发电子商务。

B2B 电子商务是电子商务应用最多和最受企业重视的形式，企业可以使用 Internet 或其他网络对每笔交易寻找最佳合作伙伴，完成从订购到结算的全部交易行为，如阿里巴巴网站。

2.3.1 B2B 电子商务的交易模式

B2B 电子商务的交易模式可分为面向制造业或面向商业的垂直交易模式、面向中间交易市场的水平交易模式，如图 2-10 所示。

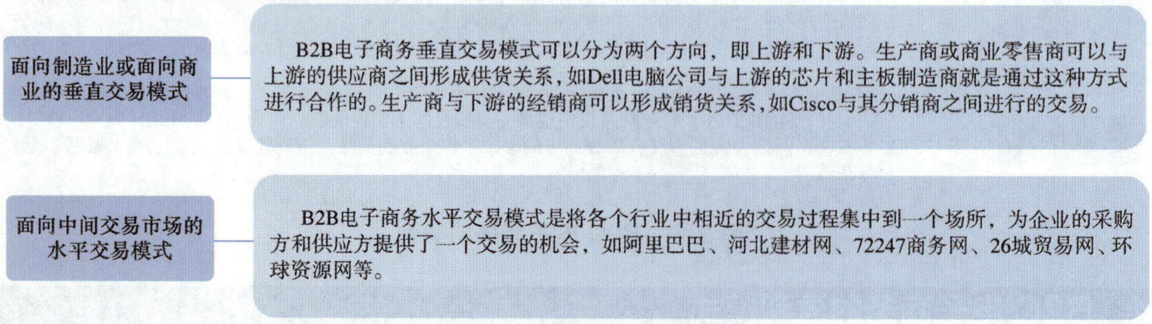

面向制造业或面向商业的垂直交易模式	B2B电子商务垂直交易模式可以分为两个方向，即上游和下游。生产商或商业零售商可以与上游的供应商之间形成供货关系，如Dell电脑公司与上游的芯片和主板制造商就是通过这种方式进行合作的。生产商与下游的经销商可以形成销货关系，如Cisco与其分销商之间进行的交易。
面向中间交易市场的水平交易模式	B2B电子商务水平交易模式是将各个行业中相近的交易过程集中到一个场所，为企业的采购方和供应方提供了一个交易的机会，如阿里巴巴、河北建材网、72247商务网、26城贸易网、环球资源网等。

图 2-10 B2B 电子商务交易模式

B2B 电子商务模式按市场战略的不同又可以分为 3 种类型，即卖方控制型、买方控制型及中介控制型，此处略。

1.降低了采购成本

企业通过与供应商建立企业间电子商务，实现网上自动采购，可以减少双方为进行交易投入的人力、物力和财力。另外，采购方企业可以通过整合企业内部的采购体系，统一向供应商采购，实现批量采购获取折扣。例如，Wal-Mart 将美国的 3 000 多家超市通过网络连接在一起，统一进行采购配送，通过批量采购节省了大量的采购费用。

2.降低了库存成本

企业通过与上游的供应商和下游的顾客建立企业间电子商务系统，实现以销定产，以产定供，实现物流的高效运转和统一，最大限度控制库存。例如，Dell 电脑公司通过允许顾客网上订货，实现企业业务流程的高效运转，大大降低了库存成本。

3.节省周转时间

企业还可以通过与供应商和顾客建立统一的电子商务系统，实现企业的供应商与企业的顾客直接沟通和交易，减少周转环节。例如，波音公司的零配件是从供应商采购的，而这些零配件很大一部分是满足它的顾客（航空公司）维修飞机时使用的。为了减少中间的周转环节，波音公司通过建立电子商务网站实现波音公司的供应商与顾客之间的直接沟通，大大减少了零配件的周转时间。

4.扩大市场机会

企业通过与潜在的客户建立网上商务关系，可以覆盖原来难以通过传统渠道覆盖的市场，增加企业的市场机会。例如，Dell 电脑公司通过网上直销，有 20% 的新客户来自中小企业，通过与这些企业建立企业间电子商务，大大降低了双方的交易费用，增加了中小企业客户网上采购的利益动力。

B2B 电子商务只是企业实现电子商务的一个开始，它的应用将会得到不断发展和完善，并适应所有行业的需要。

2.4　C2C 电子商务

是消费者与消费者之间的电子商务（Consumer to Consumer，即 C2C），是指由提供服务的消费者与需求服务的消费者在线达成交易的方式。C2C 商务平台就是通过为买卖双方提供一个在线交易平台，使卖方可以主动提供商品上网销售，而买方可以自行选择商品进行竞价，如是淘宝网。

2.4.1　C2C 电子商务的特点

1.第三方信息交流平台

是 C2C 电子商务平台为买卖双方进行网上交易提供信息交流平台，改变信息交流方式并扩大信息交流范围。利用网络的互动性，买卖双方可以无障碍地充分交流信息，实现最大限度符合双方各自意愿的交易，这正是 C2C 电子商务平台提供的最根本也是最基础的服务。

2.参与者多，覆盖面广

C2C 电子商务是最能够体现互联网的精神与优势的。数量巨大、地域不同、时间不一的买卖双方通过一个平台找到合适的对家进行交易，在传统领域要实现这样大的工程几乎是不可能的。

3.品类齐全，但质量参差不齐

C2C 电子商务网站上产品极其丰富，有人们日常生活中的常用物品，也有各种各样的新鲜物品如个人收藏、点卡等，在满足用户差异化及个性化需求方面有一定的优势。但产品的质量参差不齐，既有全新的，又有二手的；既有正品行货，又有仿冒品；既有大工厂统一生产的，又有小作坊个人制作的。总之，C2C 电子商务就像是把传统的大商场、特色小店、地摊和跳蚤市场统统融合在了一起。

4.交易次数多，单次交易额小

C2C 电子商务中参加交易的双方尤其是买家往往是个人，其购买的物品又大都是单件或者少量的，因此 C2C 注定是"本小利薄"。数量小，批次多是目前绝大部分 C2C 卖家所面临的现实。

2.4.2　C2C 电子商务的交易流程

C2C 电子商务交易是买卖双方利用第三方平台进行的网上拍卖或店铺交易，如图 2-11 所示。

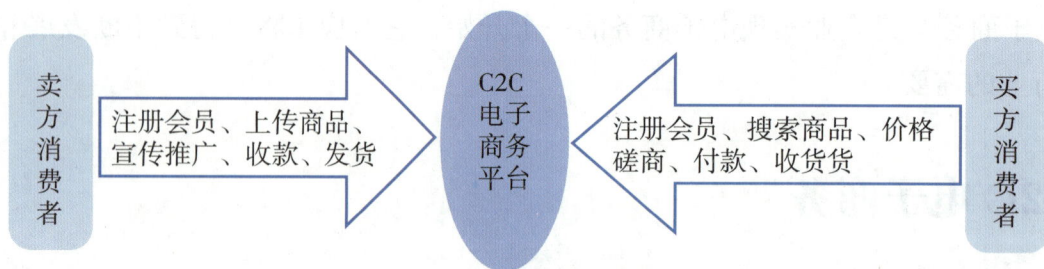

图 2-11　C2C 交易流程

2.4.3　C2C 电子商务的盈利模式

C2C 电子商务的盈利模式主要有以下 4 种。

1.会员费盈利模式

会员费也就是会员制服务收费，是指 C2C 网站为会员提供网上店铺出租、认证、产品信息推荐等多种服务组合而收取的费用。由于提供的是多种服务的有效组合，比较能适应会员的需求，这种模式的收费比较稳定。

2.交易提成盈利模式

交易提成是 C2C 网站的主要利润来源。C2C 电子商务网站是一个交易平台，它为交易双方提供机会，相当于现实生活中的交易所、大卖场，从交易中收取提成是市场本性的体现。

3.广告费盈利模式

企业将网站上有价值的位置用于放置广告，根据网站流量和网站人群精度标定广告位价格，然后再通过各种形式向客户出售。C2C 网站超强的人气是其广告的最大优势，随着用户使用习惯的成熟，以及 C2C 电子商务网站在广告模式上的不断创新，在具有如此多的用户数量的基础上，广告收入已成为 C2C 电子商务收入的重要来源。

4.搜索排名竞价盈利模式

C2C 网站商品丰富，购买者搜索行为比较频繁，而搜索结果的排名对购买者的决定影响很大。卖家通过为某个关键词出价竞争，使商品获得好的排名，并向平台支付相应费用。

2.5　O2O 电子商务

O2O 即 Online To Offline，是指将线下的商务机会与互联网结合，让互联网成为线下交易的前台。O2O 的概念非常广泛，只要产业链中既可涉及线上，又可涉及线下，就可通称为 O2O。

2.5.1　O2O 电子商务的运作过程

O2O 电子商务的整个运作过程由线上和线下两部分构成。线上平台为消费者提供消费指南、优惠信息、便利服务（预订、在线支付、地图等）和分享平台，而线下商户则专注于提供服务。O2O 电子商务的运作过程可分解为 5 个阶段。

（1）引流。线上平台作为线下消费决策的入口，可以汇聚大量有消费需求的消费者，并引发消费者的线下消费需求。常见的 O2O 平台引流入口包括：消费点评类网站，如大众点评；电子地图，如百度地图、高德地图；社交类网站或应用，如微信等。

（2）转化。线上平台向消费者提供商铺的详细信息、优惠（如团购、优惠券）、便利服务，方便消费者搜索、对比商铺，并最终帮助消费者选择线下商户，完成消费决策。

（3）消费。消费者利用线上获得的信息到线下商户接受服务、完成消费。

（4）反馈。消费者将自己的消费体验反馈到线上平台，有助于其他消费者进行消费决策。线上平台通过梳理和分析消费者的反馈，形成更加完整的本地商铺信息库，可以吸引更多的消费者使用在线平台。

（5）存留。线上平台为消费者和本地商户建立沟通渠道，可以帮助本地商户维护消费者关系，使消费者重复消费，成为商家的回头客。

2.5.2 O2O 电子商务的优势

O2O的优势在于把网上和网下的优势完美结合。通过网络导购,把互联网与地面店完美对接,实现互联网落地。让消费者在享受线上优惠价格的同时,又可享受线下服务。同时,O2O电子商务模式还可实现不同商家的联盟。

(1)O2O模式充分利用了互联网跨地域、无边界、海量信息、海量用户的优势,同时充分挖掘线下资源,进而促成线上用户与线下商品与服务的交易,团购就是O2O的典型代表。

(2)O2O模式可以对商家的营销效果进行直观的统计和追踪评估,规避了传统营销模式的推广效果不可预测性,O2O将线上订单和线下消费相结合,所有的消费行为均可以准确统计,进而吸引更多的商家进来,为消费者提供更多优质的产品和服务。

(3)O2O在服务业中具有优势,价格便宜,购买方便,且折扣信息等能及时获知。

(4)将拓宽电子商务的发展方向,由规模化走向多元化。

(5)O2O模式打通了线上线下的信息和体验环节,让线下消费者避免了因信息不对称而遭受的"价格蒙蔽",同时实现线上消费者"售前体验"。

从整体来看O2O模式运行的优势,将会达成"三赢"的效果,如图2-12所示。

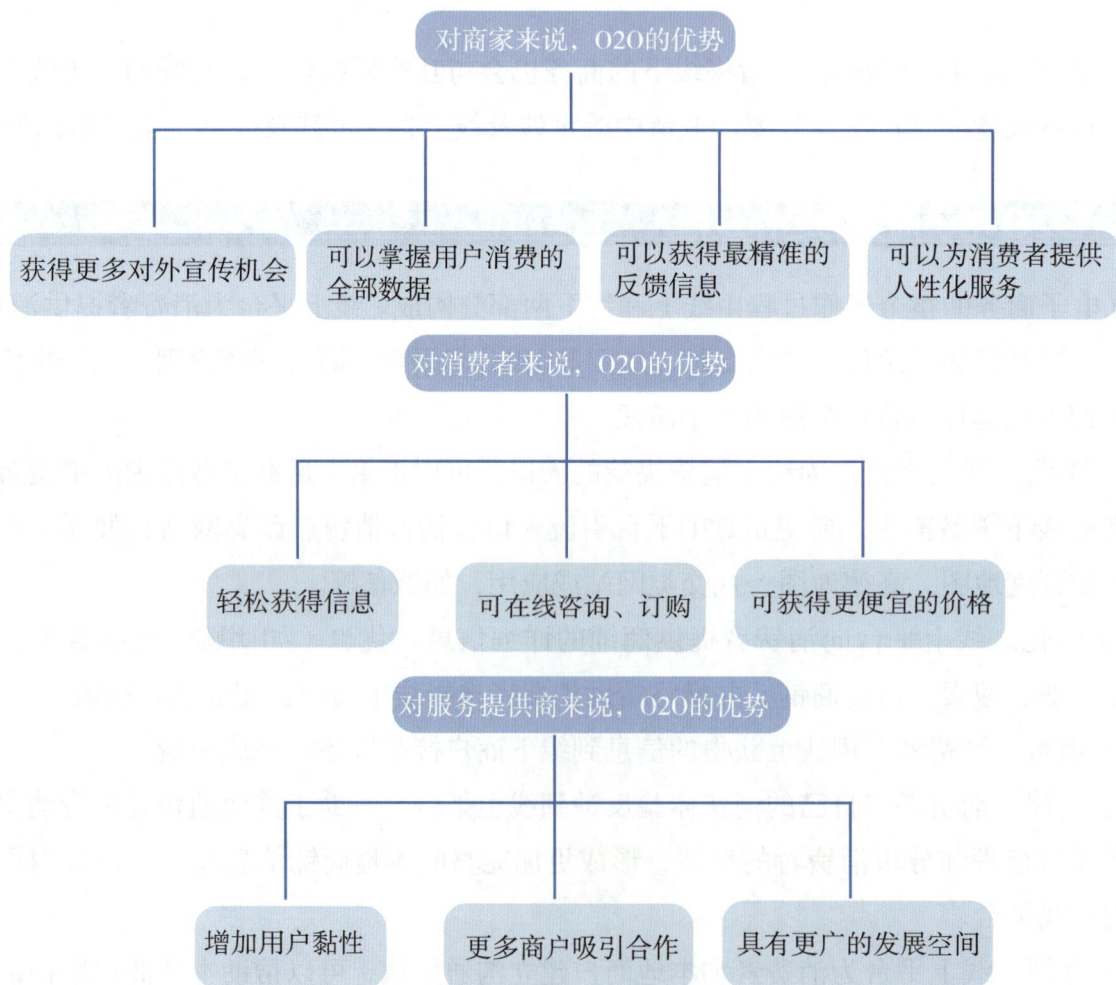

图 2-12 O2O 模式运行的优势

2.5.3　O2O 与 B2C 的区别

O2O 与 B2C 有相同点，都是一种服务形式。如果从消费零售服务角度来分，绝大部分是零售，其中包括传统的各种零售业（如大型超市、标准超市、便利店、专卖店、品牌店、品类店，以及有交叉分类，如连锁店、和购物中心等）。

O2O 与 B2C 又有不同点。

（1）O2O侧重于服务性消费，包括餐饮、电影、美容、SPA、旅游、健身、租车、租房等；而B2C更侧重于购物，如实物商品，如电器、服饰等。

（2）O2O的消费者到现场获得服务，涉及客流；而B2C的消费者待在办公室或家里，等送货上门，涉及物流。

（3）O2O中的库存是服务，而B2C中的库存是商品。

随着越来越多移动终端的出现和普及，移动互联网和O2O概念与人们日常生活的联系越发紧密。利用互联网、移动终端设备进行网上订餐、订票等线上线下互动已经成为了人们日常生活中不可或缺的一部分，O2O模式的电子商务不仅改变着人们的生活，也将逐渐成为电子商务的主力军。

2.5.4　O2O 电子商务的发展趋势

O2O 已经成为许多电商企业发展的新出路和新趋势。但是，随着人们生活水平的提高以及服务体验的升级，简单的电商 O2O 服务模式已经不能够满足人们日益增长的产品需要和服务需求，人们需要更加能够被信赖的 O2O 模式来提高消费体验，所以 O2O 电子商务模式需要从以下几个方面得到进一步发展。

1.优惠更加接地气

提高消费者的消费体验，首先要从价格上入手，价格合理是用户在生活服务类 O2O 平台上选择服务的首要条件。对商家来说，生活服务类 O2O 平台如果不能提供一个合理的服务价格，显然就毫无竞争优势。

商品优惠活动是生活服务类 O2O 开展营销战略的基本方式，商家经常以特价优惠活动来吸引消费者。其中，优惠活动一般包括"下单发红包""分享有礼"以及"消费卡购买优惠"等。

2.服务更加突出特色

电商类 O2O 平台应该体现特色服务，这样才能吸引消费者。平台的优势是用户可定制服务时间、选择服务场所，商家应提供有较高水平的技师以满足用户在服务质量上的要求，为用户提供更好的 O2O 生活服务。只有这样，才能吸引更多的用户来关注。

3.评价系统更加完美

电商类 O2O 用户以网民居多，这类人群大多对网络购物流程非常熟悉，网络的表达欲很强。毫无疑问，他们对服务的评价欲也很强，对于生活服务消费是否满意，他们大多都会进行评价。

这对商家而言既是机遇也是挑战。评价既可以让商家获得良好口碑，也会因某些不好的评价影响到企业自身的发展。因此，商家应该对"服务评价"进行高度关注。

企业可以在平台开放"服务评价"系统，给用户提供一个参与的机会，进行提升平台的活跃度，争取更多用户的认可。

4.服务更加精细专业

电商类O2O企业的服务内容要求更加精细且专业，只有这样，才能让用户更充分地了解企业所能够提供的具体信息。一般来说，用户大多是通过页面描述的信息来决定是否要选择这个平台来进行相应的消费。企业应该将服务的每个环节都有特色地表达出来，比如插入精美的图片、加入生动的案例展示等。

2.6　其他模式的电子商务

2.6.1　BOB 电子商务

BOB（Business-Operator-Business），即供应方（Business）与采购方（Business）通过运营者（Operator）达成产品或服务交易的一种新型电子商务模式。

BOB模式的核心目的是帮助那些有品牌意识的中小企业或者渠道商们能够有机会打造自己的品牌，实现自身的转型和升级。BOB模式是由品众网络科技推行的一种全新的电商模式，它打破过往电子商务固有模式，提倡将电子商务平台化向电子商务运营化转型，不同于以往的B2C、B2B、C2C等商业模式，其将电子商务以及品牌运营、店铺运营、移动运营、数据运营、渠道运营五大运营功能板块升级和落地。

1.BOB电子商务产生原因

（1）现如今发挥巨大作用的B2B模式，由于网站构造、布局、盈利模式的限制性，大部分传统企业不懂电商，不能自行投入到电商行业，因此企业渴求电子商务模式升级，所以BOB模式的出现，将会解决需求，使企业实现电子商务运营化转型。

（2）部分传统批发市场正经历着拿货成本过高（经过多次、多层销售，使得产品成本升高）、库存压力大、销售渠道狭隘和缺乏自身品牌宣传的瓶颈，亟须进行产业升级，走线上、线下相结合的营销模式，但企业对电商模式和运营又缺乏相关专业知识和技能。

（3）如今已有的电商模式只能部分解决采购方问题并只能做好线下布局，不能同时满足店铺运营、移动运营、品牌运营、数据运营、渠道运营等多模块一同运作的要求。

2.BOB电子商务优势

（1）BOB模式能帮助具有品牌意识，同时又没有相关技术和精力去自行打造品牌的中小企业和渠道商们实现自身的转型和升级。

（2）BOB模式涵盖了过往的C2C、B2B、B2C，把这些模式的优势整合起来。能对供应链各环节进行运营管理，起到优化供应链作用。

目前，有不少行业，特别是传统中小型企业在电商平台化的时代趋势下，都想打响自身品牌却苦于没有电子商务平台的专业知识，BOB 模式的出现正好满足了此类需求，打造出完整的电子商务供应链。

在当今政府大力扶持电子商务的时代背景下，BOB 模式可以引领国内批发产业升级，因此也获得多方认可。

2.6.2　B2B2C 电子商务

B2B2C，即 Business to Business to Customer，企业对企业对消费者。第一个 B 指的是商品或服务的供应商，第二个 B 指从事电子商务的企业，C 则是表示消费者。B2B2C 模式来源于目前的 B2B、B2C 模式的演变和完善，是把 B2B 和 C2C 结合起来，通过 B2B2C 模式的电子商务企业构建自己的物流供应链系统，提供统一的服务，如图 2-13 所示。

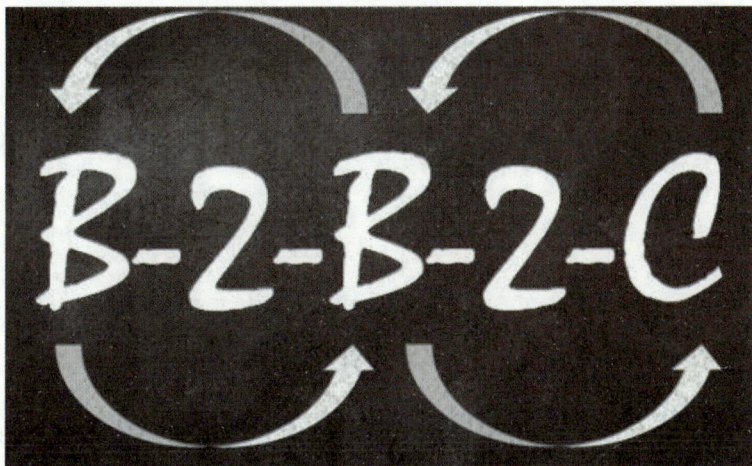

图 2-13　B2B2C 电子商务示意

B2B2C 把"供应商→生产商→经销商→消费者"各个产业链紧密连接在一起。整个供应链是一个从创造增值到价值变现的过程，把从生产、分销到终端零售的资源进行全面整合，不仅大大增强了网商的服务能力，更有利于客户获得增加价值的机会。该平台将帮助商家直接充当卖方角色，把商家直接推到与消费者面对面的前台，让生产商获得更多的利润，使更多的资金投入到技术和产品创新上，最终让广大消费者获益。这是一类新型电子商务模式的网站，它的创新性在于：它为所有的消费者提供了新的电子交易规则。该平台颠覆了传统的电子商务模式，将企业与单个客户的不同需求完全地整合在一个平台上。B2B2C 既省去了当当卓越式 B2C 的库存和物流，又拥有淘宝易趣式 C2C 欠缺的盈利能力。

B2B2C 电子商务平台将企业、个人用户不同需求完全整合在一起，缩短了销售链，从营销学角度上来说，销售链条中环节越少越好，越是成熟的行业，销售链条越短；B2B2C 通常没有库存，充分为客户节约了成本（其中成本包括时间、资金、风险等众多因素）；并建立了更完善的物流体系，根据客户需求选择合适的物流公司，加强与物流企业的协作，形成整套的物流解决方案。

随着技术进步，一个企业以后的发展趋势是需要越来越少的生产人员，但企业却永远无法不依赖于消费者而生存和发展。因此，把消费者放在核心地位，让消费者与消费者结合，让消费者与企业结合，这无疑是最具生命力的电子商务模式。在多种电子商务并行的今天，商家与商家，消费者与消费者，商家与消费者，直销与零售，商家、消费者与营销员逐渐融合，形成一个B2B2C联合创收平台。这也就是当今时代最先进的营销模式即B2B2C电子复合。显而易见，这种B2B2C电子商务模式是最具潮流性的，它符合商业发展的趋势，其商业价值不可估量。不仅可以实现商家与商家的直接网上交易，还可以借助其强大的平台特性，让更多的消费者寻找自己想要的交易目标。它改变了人们的生活方式和消费观念，从而利用一个新型商业模式的网站来实现自己的财务自由和时间自由。

2.7　巩固练习

一、选择题

1. (　　)是企业通过Internet向个人网络消费者直接销售产品和提供服务的经营方式，即网上零售。

　　A.B2C电子商务　　　　　　　　B.B2B电子商务

　　C.C2C电子商务　　　　　　　　D.G2C电子商务

2. 在B2C电子商务的组成部分中，为顾客提供在线购物场所的是(　　)。

　　A.物流配送系统　　　　　　　　B.支付结算系统

　　C.网上商场　　　　　　　　　　D.安全认证系统

3. 目前在B2C电子商务中主要的支付方式有(　　)。

　　A.汇款方式　　　　　　　　　　B.货到付款方式

　　C.电子支付方式　　　　　　　　D.第三方平台支付方式

4. 在B2C电子商务的组成部分中，保证交易安全的是(　　)。

　　A.物流配送系统　　　　　　　　B.支付结算系统

　　C.网上商场　　　　　　　　　　D.安全认证系统

5. 按商品种类分类，可将B2C电子商务分为(　　)。

　　A.综合类　　　　　　　　　　　B.完全电子商务

　　C.不完全电子商务　　　　　　　D.专门类

6. 批发电子商务指的是(　　)。

　　A.B2C电子商务　　　　　　　　B.B2B电子商务

C.C2C 电子商务　　　　　　　　　D.G2C 电子商务

7.B2B 电子商务模式按市场战略的不同又可以分为（　　）。

　　A. 卖方控制型　　　　　　　　　B. 买方控制型

　　C. 中介控制型　　　　　　　　　D. 网络平台控制型

8.消费者在线上进行下单并支付，线下进行消费验证和消费体验，这种电子商务属于（　　）。

　　A.B2C 电子商务　　　　　　　　B.O2O 电子商务

　　C.C2C 电子商务　　　　　　　　D.G2C 电子商务

9.（　　）模式的核心目的是帮助那些有品牌意识的中小企业或渠道商能够有机会打造自己的品牌，实现自身的转型和升级。

　　A.BOB 电子商务　　　　　　　　B.O2O 电子商务

　　C.B2B 电子商务　　　　　　　　D.G2C 电子商务

10. 以下内容属于 B2B 电子商务优势的是（　　）。

　　A. 能够帮助具有品牌意识，同时又没有相关技术和精力去自行打造品牌的中小企业和渠道商实现自身的转型和升级

　　B. 降低采购成本

　　C. 节省周转时间

　　D. 扩大市场机会

二、判断题

1. 汇款是一种传统支付方式，这种方式无法体现电子商务高速、交互性强、简单易用且运作成本低等优势。　　　　　　　　　　　　　　　　　　　　　　　　（　　）

2. 使用电子支付方式付款，已成为电子商务支付的主流。　　　　　　（　　）

3. 在网上购物完成后，如果不进行确认收货，卖家将永远拿不到钱。　（　　）

4. 综合类的 B2C 电子商务在网上销售多种类型的商品，如淘宝网和京东网等。（　　）

5.B2B 电子商务只是企业实现电子商务的一个开始，它的应用将会得到不断发展和完善，并适应所有行业的需要。　　　　　　　　　　　　　　　　　　（　　）

6.B2B 电子商务是电子商务应用最多和最受企业重视的形式，其代表是淘宝的闲鱼网。
　　　　　　　　　　　　　　　　　　　　　　　　　　　　　　　（　　）

7.C2C 商务平台就是通过为买卖双方提供一个在线交易平台，使卖方可以主动提供商品上网拍卖，而买方可以自行选择商品进行竞价。　　　　　　　　　　　（　　）

8.B2B2C 电子商务模式涵盖了过往的 C2C、B2B、B2C，把这些模式的优势整合起来，能对供应链各环节进行运营管理，起到优化供应链作用。　　　　　　　　（　　）

9.C2C 是指消费者与消费者之间的互动交易行为，这种交易方式是多变的，例如，消费者可同在某一二手交易网站中，共同在线上出价而由价高者得标。　　　　　（　　）

10.B2B2C 模式来源于目前的 B2B、B2C 模式的演变和完善，是把 B2B 和 C2C 结合起来，提供统一的服务。　　　　　　　　　　　　　　　　　　　　　　　（　　）

三、简答题

1. 写出 B2C 电子商务的购物流程。

2.B2B 电子商务的优势有哪些？

3.BOB 电子商务产生的原因有哪些？

4. 通过上网查找资料，谈一谈京东网、阿里巴巴网、淘宝的闲鱼网在销售产品和提供服务方面有哪些不同。

答案

单元3

电子支付与网上银行

电子商务环境下常用的电子支付工具主要有：电子货币类（包括电子现金、电子钱包等）、电子信用卡类（包括智能卡、借记卡、电话卡等）和电子支票类（包括电子支票、电子汇款EFT、电子划款）等。网上支付是电子商务发展的核心工程，它可以随时随地让人们完成购物消费活动，进行货币支付。

3.1　电子支付案例分析

3.1.1　电子支付案例分析

【案例】学生食堂"刷脸吃饭"

学生进入食堂，点餐后直接刷脸进行支付。"刷脸吃饭"不仅能够提升学生就餐的满意度，也在一定程度满足青少年对信息科技的好奇。原理很简单，智慧食堂管理系统关联家长支付宝的关联账户进行消费扣款，孩子每完成一笔"刷脸"消费，家长在手机端会收到扣款提示，孩子在食堂详尽的消费信息、就餐情况及营养分析等都能清晰地展现，账户金额去向更加明白，如图3-1所示。

刷脸支付是基于人工智能机器视觉3D传感大数据等技术实现的新型支付方式。在支付过程中，能有效防止虚假攻击，只需刷脸就可以完成整个支付过程，让交易过程变得更简单。

目前，刷脸支付的应用不存在任何行业限制，不断渗透到各个领域，应用于各个场景。如：智慧医疗、智慧校园、智慧城市、智慧金融等。刷脸支付的发展及普及，对于提升用户移动支付体验、改善商户经营效率、带动经济社会智能化发展具有重要价值。业内专家认为，刷脸支付的快速兴起不仅改变着人们的生活，更带动了相关移动支付产业链的腾飞。

图3-1　学生食堂"刷脸吃饭"

🔔 思考：进入百度网站，输入"电子支付"，结合搜索的结果和案例回答以下几个问题。

1. 电子支付系统的构成要素有哪些？

2. 什么是移动支付，它有哪些特征？

3.2 认识电子支付

电子支付是指消费者、商家和金融机构之间使用安全电子手段把支付信息通过网络安全地传送到银行或相应的处理机构，用来实现货币支付或资金流转的行为。

3.2.1 电子支付系统的构成

电子支付系统的构成主要包括以下几个元素：Internet、客户、商家、客户开户行、商家开户行、支付网关、银行网络、认证中心，如图 3-2 所示。

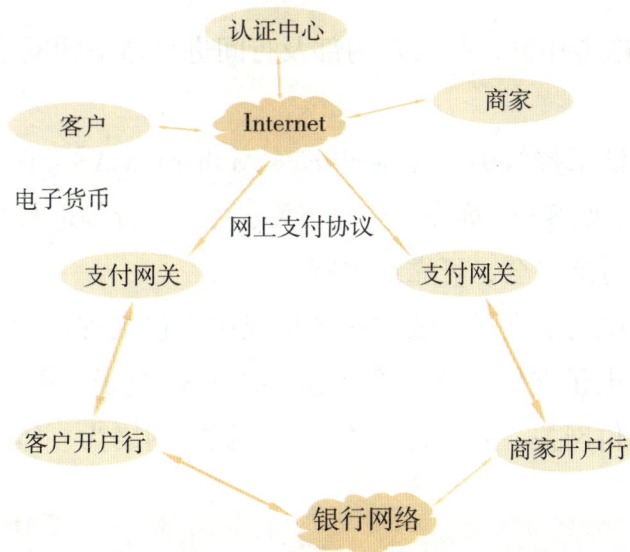

图 3-2 电子支付系统

1.Internet

Internet 是电子支付的基础，是商务信息、支付信息传送的载体。

2.客户

客户是指与商家有着交易关系并存在未清偿的债权债务关系（一般是债务）的一方，客户用自己拥有的支付工具（电子货币），如电子现金、电子支票、银行卡来发起支付，是电子支付系统运作的原因和起点。

3.商家

商家则是拥有债权的商品交易的另一方，可以根据客户发起的支付指令向金融体系请求获取货币给付。

4.客户开户行

客户开户行是指客户在其中拥有账户的银行，客户所拥有的支付工具（电子货币）是由开户行提供的，客户开户行在提供支付工具的同时也提供了一种银行信用，用以保证支付工具的兑付。在卡基支付体系中，客户开户行又被称为发卡行。

5.商家开户行

商家开户行是商家在其中开设账户的银行，其账户是整个支付过程中资金流向的地方，商家将客户的支付指令提交给开户行后，就由开户行完成支付授权的请求以及银行间的清算等工作，商家开户行是依据商家提供的合法账单（客户的支付指令）来工作，因此又被称为收单行。

6.支付网关

支付网关是 Internet 公用网和银行网络（金融专用网）之间的接口，支付信息必须通过支付网关才能进入银行支付系统，进而完成支付的授权和获取，支付网关关系着支付结算的安全以及银行自身的安全，关系着金融系统的安全，因此十分重要。

7.银行网络

银行网络作为一个金融专用网，是银行内部及行间进行通信的网络，具有较高的安全性。

8.认证中心

认证中心又称为数字证书授权中心（Certificate Authority,CA），它是法律承认的权威机构，用于对电子商务各参与方，如客户、商家、支付网关、网上银行等进行身份认证，发放数字证书，以保证电子商务交易和支付能安全、可靠地进行。

除以上各参与方外，在电子支付一般结构的构成中还包括支付中使用的电子货币以及所遵循的网上支付协议。因此，电子支付系统应该是融购物流程、电子货币、网上支付协议、认证体系、Internet、客户、商家、支付网关、开户行、收单行及银行网络为一体的综合系统。

3.2.2　电子支付方式

电子支付方式分别有网银支付和第三方支付，如图 3-3 所示。

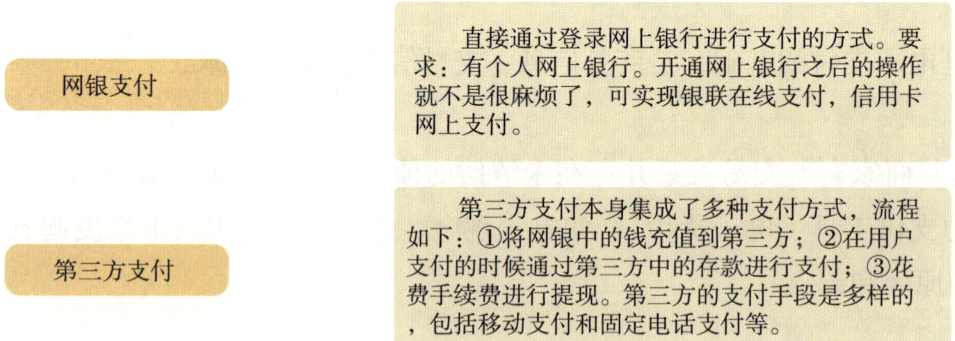

网银支付

直接通过登录网上银行进行支付的方式。要求：有个人网上银行。开通网上银行之后的操作就不是很麻烦了，可实现银联在线支付，信用卡网上支付。

第三方支付

第三方支付本身集成了多种支付方式，流程如下：①将网银中的钱充值到第三方；②在用户支付的时候通过第三方中的存款进行支付；③花费手续费进行提现。第三方的支付手段是多样的，包括移动支付和固定电话支付等。

图 3-3　电子支付方式

最常用的第三方支付平台是支付宝、微信支付、银联商务、银联在线、快钱、壹钱包、拉卡拉、汇付天下、易宝支付、京东支付等。

支付宝是国内先进的网上支付平台，由阿里巴巴公司创办，致力于为网络交易用户提供优质的安全支付服务。支付宝服务 2003 年 10 月 18 日在淘宝网推出，迅速成为会员网上交易不可缺少的一种支付方式，深受淘宝会员的喜爱。经过不断的改进，支付宝服务日趋完善。为了更好地运营支付宝，为用户提供更优质的服务，阿里巴巴成立了支付宝公司，并于 2004 年 12

月 30 日推出支付宝账户系统。

支付宝有以下几种支付方式：快捷支付（含卡通）、网上银行、支付宝账户余额、货到付款、网点支付、消费卡支付、找人代付、银联手机支付等。

3.2.3 电子支付的特征

与传统的支付方式相比，电子支付具有以下几个方面的特征。

1.电子支付资金流转数字化

电子支付是采用先进的技术通过数字流转来完成信息传输的，其各种支付方式都是通过数字化的方式进行款项支付的；而传统的支付方式则是通过现金的流转、票据的转让及银行的汇兑等物理实体来完成款项支付的。

2.电子支付的工作环境具有开放性

电子支付是基于一个开放的系统平台（互联网）；而传统支付则是在较为封闭的系统中运作。

3. 电子支付手段具有技术性

电子支付使用的是最先进的通信手段，对软、硬件设施的要求较高。

4.电子支付具有方便、快捷、高效、经济的优势

在电子支付中，用户只要拥有一台上网的 PC 机，便可足不出户，在很短的时间内完成整个支付过程。支付费用仅相当于传统支付的几十分之一，甚至几百分之一。

在电子商务中，支付过程是整个商贸活动中非常重要的一个环节，同时也是电子商务中准确性、安全性要求最高的业务过程。电子支付的资金流是一种业务过程，而非一种技术。在进行电子支付活动的过程中，会涉及很多技术问题。

3.3 移动支付

2021 年 2 月 1 日，中国银联发布了《2020 移动支付安全大调查研究报告》。报告显示，通过对全国超过 17 万人的调查分析，98% 的受访者选择把移动支付作为最常用的支付方式。调查显示，2020 年，平均每人每天使用移动支付的频率是 3 次。而 95 后的男性，平均每天使用 4 次移动支付。此外，二维码支付已经成为人们最常用的移动支付方式，用户占比超过 85%。

移动支付是指移动客户端利用手机等电子产品来进行电子货币支付，移动支付将互联网、终端设备、金融机构有效地联合起来，形成了一个新型的支付体系。

移动支付是互联网时代一种新型的支付方式，其以移动终端为中心，通过移动终端对所购买的产品进行结算支付，还可以缴纳话费、燃气费、水电费等。

3.3.1 移动支付的特征

移动支付属于电子支付方式的一种，因而具有电子支付的特征，但因其与移动通信技术、无线射频技术、互联网技术相互融合，又具有自己的特征。

1.无时空限制

互联网时代下的移动支付打破了传统支付对于时空的限制，使用户可以随时随地进行支付活动。传统支付以现金支付为主，需要用户与商户之间面对面支付，因此，对支付时间和地点都有很大的限制；移动支付以手机支付为主，用户可以用手机随时随地进行支付活动，不受时间和空间的限制，

2.方便管理

用户可以随时随地通过手机进行各种支付活动，并对个人账户进行查询、转账、缴费、充值等功能的管理，用户也可随时了解自己的消费信息。这对用户的生活提供了极大的便利，也更方便用户对个人账户的管理。

3.隐私度较高

移动支付是用户将银行卡与手机绑定，进行支付活动时，需要输入支付密码或指纹，且支付密码不同于银行卡密码。这使得移动支付较好地保护了用户的隐私，其隐私度较高。

4.综合度较高

移动支付为用户提供了多种不同类型的服务。例如：用户可以通过手机缴纳家里的水、电、气费；用户可以通过手机进行个人账户管理；用户可以通过手机进行网上购物等各类支付活动。这体现了移动支付有较高的综合性。

3.3.2 移动支付的种类

目前移动支付的分类方式主要包括以下几种：

1.小额支付和大额支付

根据支付金额的大小，可以分为小额支付和大额支付。

小额支付业务指运营商与银行合作，建立预存费用的账户，用户通过移动通信平台发出划账指令代缴费用。

大额支付指把用户银行账户和手机号码进行绑定，用户通过多种方式对与手机捆绑的银行卡进行交易操作。

2.远程支付和现场支付

根据支付方与受付方是否在同一现场，可以分为远程支付和现场支付。

如通过手机购买铃声就是远程支付，而通过手机在自动售货机上购买饮料则是现场支付。

3.远程控制支付和近距离支付

根据实现方式的不同，可以将移动支付分为两种：一种是通过短信、WAP 等远程控制完成

支付。另一种是通过近距离非接触技术完成支付，主要的近距离通信技术有 RFID、NFC、蓝牙、802.11 等。

3.4 网上银行

网上银行也称为网络银行、在线银行，指利用 Internet、Intranet 及相关技术处理传统银行业务及支持电子商务网上支付的新型银行。

网上银行在电子商务中有着非常重要的作用。无论是传统的交易，还是新兴的电子商务，资金的支付都是完成交易的重要环节，不同的是，电子商务强调支付过程和支付手段的电子化。能否有效地实现支付手段的电子化和网络化是网上交易成败的关键，直接关系到电子商务的发展前景。网上银行创造的电子货币及独具优势的网上支付功能，为电子商务中电子支付的实现提供了强有力的支持。作为电子支付和结算的最终执行者，网上银行发挥着买卖双方纽带的作用，网上银行所提供的电子支付服务是电子商务中最关键的要素和最高的层次。

电子商务与网上银行的发展是互动互利，相互影响的，电子商务也给网上银行带来了巨大的业务发展空间，因此随着电子商务的发展，网上银行的发展也是必然趋势。

3.4.1 网上银行的分类

网上银行的分类，如图 3-4 所示。

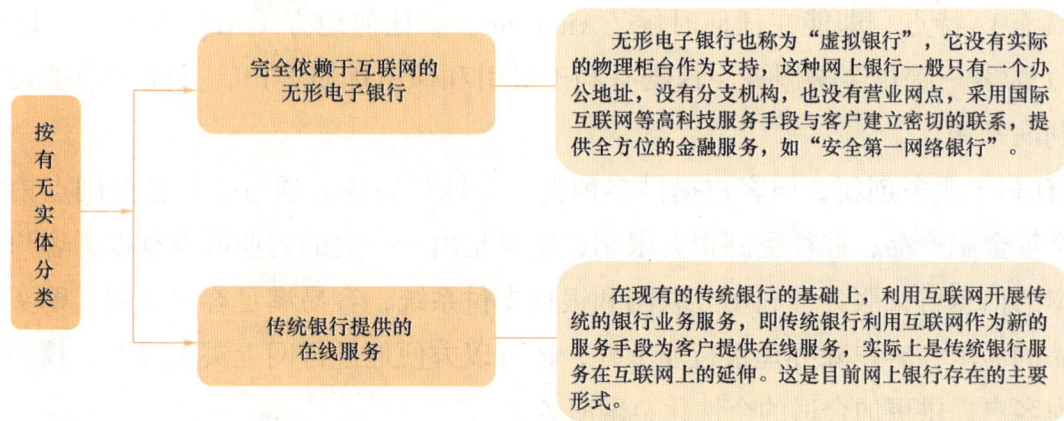

图 3-4　网上银行的分类

个人网上银行主要适用于个人和家庭的日常消费的支付与转账。客户可以通过个人网上银行服务，完成实时查询、转账、网上支付和汇款功能。个人网上银行服务的出现，标志着银行的业务触角直接伸展到个人客户的家庭PC桌面上，方便快捷，真正体现了家庭银行的风采。

个人网上银行

按服务对象分类

企业网上银行主要针对企业与政府部门等企事业客户。企事业组织可以通过企业网上银行服务实时了解企业财务运作情况，及时在组织内部调配资金，轻松处理大批量的网上支付和工资发放业务，并可处理信用等相关业务。

企业网上银行

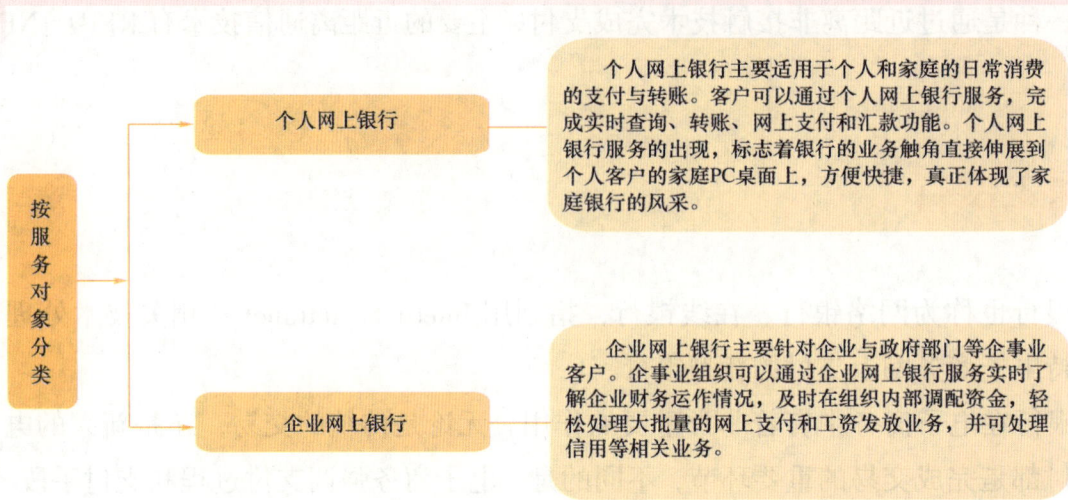

图 3-4　网上银行的分类（续）

3.4.2　网上银行的优势

网上银行的特点是客户只要拥有账号和密码，便能在世界各地通过互联网，进入网络银行处理交易，与传统银行业务相比，网上银行的优势体现在以下几点。

（1）大大降低银行经营成本，有效提高银行盈利能力。开办网上银行业务，主要利用公共网络资源，不需设置物理的分支机构或营业网点，减少了人员费用，提高了银行后台系统的效率。

（2）无时空限制，有利于扩大客户群体。网上银行业务打破了传统银行业务的地域、时间限制，具有3A特点，即能在任何时候（Anytime）、任何地方（Anywhere）、以任何方式（Anyhow）为客户提供金融服务，这既有利于吸引和保留优质客户，又能主动扩大客户群，开辟新的利润来源。

（3）有利于服务创新，向客户提供多种类、个性化服务。通过银行营业网点销售保险、证券和基金等金融产品，往往受到很大限制，主要是由于一般的营业网点难以为客户提供详细的、低成本的信息咨询服务。利用互联网和银行支付系统，容易满足客户咨询、购买和交易多种金融产品的需求，客户除办理银行业务外，还可以方便地进行网上买卖股票、债券等，网上银行能够为客户提供更加合适的个性化金融服务。

3.4.3　网上银行业务范围

一般来说，网上银行的业务品种主要包括基本业务、网上投资、网上购物、个人理财助理、企业银行及其他金融服务，如图 3-5 所示。

基本业务	商业银行提供的基本网上银行服务包括在线查询账户余额、交易记录，下载数据，转账和网上支付等。
网上投资	由于金融服务市场发达，可以投资的金融产品种类众多，国外的网上银行一般提供包括股票、期权、共同基金投资和CDS买卖等多种金融产品服务。
网上购物	商业银行设立的网上购物协助服务，大大方便了客户网上购物，为客户在相同的服务品种上提供了优质的金融服务或相关的信息服务，加强了商业银行在传统领域的竞争优势。
个人理财助理	各大银行将传统银行业务中的理财助理转移到网上进行，通过网络为客户提供理财的各种解决方案，提供咨询建议，或者提供金融服务技术的援助，极大地扩大了商业银行的服务范围，并降低了相关的服务成本。
企业银行	企业银行是网上银行服务中最重要的部分之一。其服务品种比个人客户的服务品种更多，也更为复杂，对相关技术的要求也更高，所以能够为企业提供网上银行服务是商业银行实力的象征之一。
其他金融服务	除了银行服务外，大商业银行的网上银行均通过自身或与其他金融服务网站联合的方式，为客户提供多种金融服务产品，如保险、抵押和按揭等，扩大网上银行的服务范围。

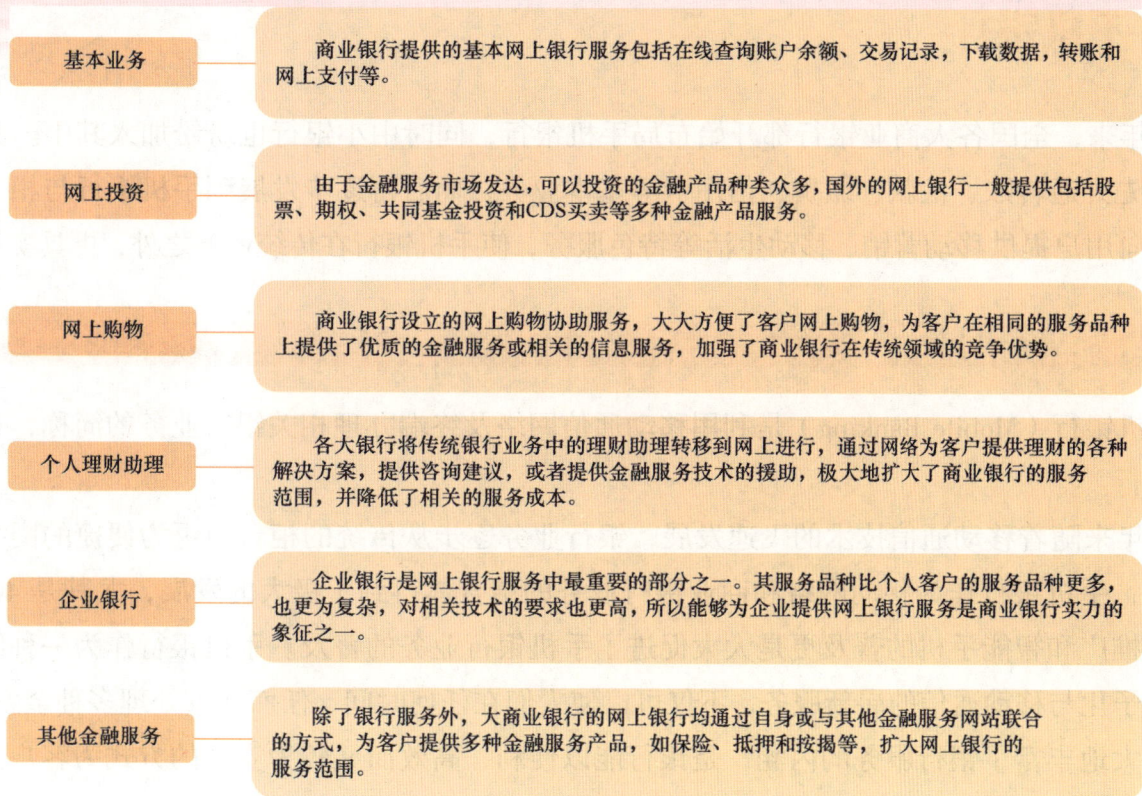

图 3-5　网上银行的业务种类

3.4.4　网上银行安全使用建议

（1）避免使用搜索引擎。从正规银行网点取得网络银行网址并牢记，登录网上银行时尽量避免使用搜索引擎等第三方途径。因为一些假的网上银行网址很可能就隐藏在搜索结果之中，一旦单击进入，很可能不知不觉掉入陷阱。最好的办法是将正确的网络银行网址登记在浏览器的收藏夹中，以后的访问都通过单击收藏夹中的链接进入，以确保不会访问错误的网址。

（2）设置混合密码、双密码。网上银行的密码设置应避免与个人资料相关，建议选用数字、字母混合密码，提高密码破解难度并妥善保管，交易密码尽量避免与信用卡密码相同。

（3）定期查看交易记录。定期查看网上银行办理的转账和支付等业务记录，或者通过短信订制账户变动通知，随时掌握账户的变动情况。

（4）妥善保管数字证书。避免在公用计算机上使用网上银行，以防数字证书等机密资料落入他人之手。

（5）警惕电子邮件链接。网上银行一般不会通过电子邮件发出"系统维护、升级"提示，若遇重大事件，系统会暂停服务，银行会提前发布公告。因此，当收到类似的电子邮件时，要当心有诈。一旦发现资料被盗，应立即修改相关交易密码或进行银行卡挂失。

（6）确保在被监察的情况不输入密码、登录名、账号等重要资料。

（7）电脑应安装防病毒软件并经常更新病毒库。

3.5　手机银行

近年来，全国各大商业银行都开始布局手机银行，同时中小银行也纷纷加入其中。其路径一般是先开通转账、汇款、缴费、信用卡等基本业务，而后再逐步发展到手机银行与相关商家合作，向用户提供移动营销、移动生活等特色服务，使手机银行在传统业务之外，更具实用性。

3.5.1　手机银行的概念

手机银行（Mobile Banking）是利用移动通信网络及终端办理相关银行业务的简称，也称为移动银行。

近年来随着移动通信技术的飞速发展，银行业务逐步从传统的柜台向更为便捷的网络化方向转移，手机银行作为移动网络和商业银行业务的结合体得到了极大的发展，尤其是4G技术的全国推广和智能手机的普及更是大大促进了手机银行业务的普及。手机银行作为一种结合了货币电子化与移动通信的崭新服务，不仅可以使人们在任何时间、任何地点处理多种金融业务，而且极大地丰富了银行服务的内涵，是银行能以便利、高效而又较为安全的方式为客户提供传统和创新的服务。

3.5.2　手机银行的业务

手机银行的业务包括以下内容，如图3-6所示。

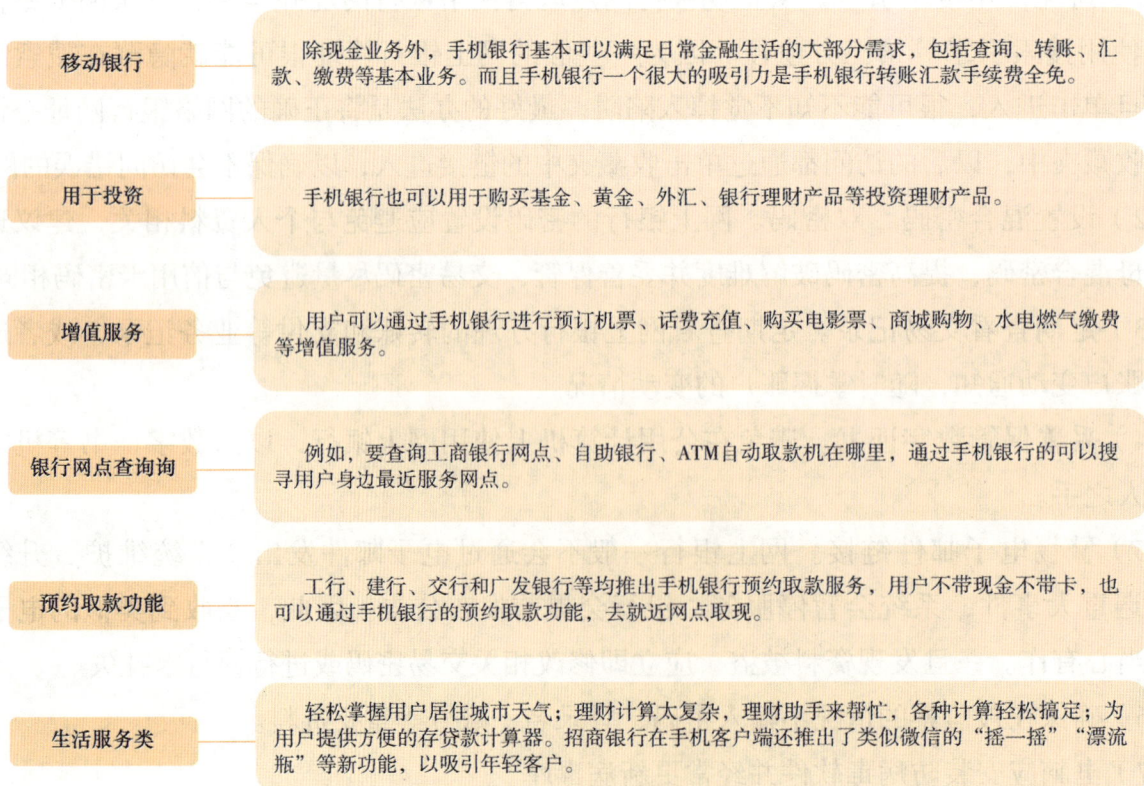

移动银行	除现金业务外，手机银行基本可以满足日常金融生活的大部分需求，包括查询、转账、汇款、缴费等基本业务。而且手机银行一个很大的吸引力是手机银行转账汇款手续费全免。
用于投资	手机银行也可以用于购买基金、黄金、外汇、银行理财产品等投资理财产品。
增值服务	用户可以通过手机银行进行预订机票、话费充值、购买电影票、商城购物、水电燃气缴费等增值服务。
银行网点查询询	例如，要查询工商银行网点、自助银行、ATM自动取款机在哪里，通过手机银行的可以搜寻用户身边最近服务网点。
预约取款功能	工行、建行、交行和广发银行等均推出手机银行预约取款服务，用户不带现金不带卡，也可以通过手机银行的预约取款功能，去就近网点取现。
生活服务类	轻松掌握用户居住城市天气；理财计算太复杂，理财助手来帮忙，各种计算轻松搞定；为用户提供方便的存贷款计算器。招商银行在手机客户端还推出了类似微信的"摇一摇""漂流瓶"等新功能，以吸引年轻客户。

图3-6　手机银行的业务

3.5.3　手机银行的优势

目前国内手机银行市场仍处于高速发展阶段，市场潜力巨大。未来发展前景不可估量。总体而言，手机银行得以飞速发展主要凭借以下 4 个方面的优势。

1.服务面广，申请简便

只要手机是智能手机并且能连接互联网，即可轻松享受手机银行的各项服务。客户可以通过银行网站自助注册手机银行，也可到银行营业网点办理注册，手续简便。

2.功能丰富，方便灵活

通过银行发布的手机银行客户端（App），即可使用账户查询、转账汇款、捐款、缴费及消费支付等服务。而且，手机银行提供更新服务功能时，客户无须更换手机或 SIM 卡，即可自动享受到各种新增服务和功能。

3.安全可靠，多重保障

银行采用多种方式层层保障客户的资金安全。一是手机银行的信息传输、处理采用国际认可的加密传输方式，实现移动通信公司与银行之间的数据安全传输和处理，防止数据被窃取或破坏；二是客户通过手机银行进行对外转账的金额有严格限制；三是将客户指定手机号码或设备与银行账户绑定，并设置专用支付密码。

4.7×24小时服务，资金实时到账

无论何时，身在何处，只要手机下载了银行客户端（App），就可以立即享受手机银行 7×24 小时全天候的服务，转账、汇款资金即时到账，缴费、消费支付实时完成，一切尽在"掌"握。

手机银行作为网上银行的延伸，是世界范围内商业银行应对信息化大潮、本着随时随地服务于客户的宗旨，创新和发展出的又一项崭新的银行业务产品。手机银行因其"贴身金融管家"的特点，将随着手机技术的完善而为银行带来巨大的业务发展空间。

3.6　巩固练习

一、选择题

1. (　　　)是电子商务网上支付的基础，是商务信息、支付信息传送的载体。

   A.认证中心   B.银行网络

   C.支付网关   D.Internet

2. (　　　)是 Internet 公用网和银行网络（金融专用网）之间的接口。

   A.支付网关   B.Intranet

   C.认证中心   D.Internet

3. 最常用的第三方支付是(　　　)。

   A.支付宝   B.易宝支付

C. 快钱   D. 财付通

E. 环迅支付

4. 网上银行也称为（　　　）。

A. 在线银行   B. 网络银行

C. 3A 银行   D. 手机银行

5. 网上银行可分为（　　　）。

A. 完全依赖于互联网的无形电子银行   B. 传统银行提供的在线服务

C. 个人网上银行   D. 企业网上银行

6. （　　　）是互联网时代一种新型的支付方式，其以移动终端为中心，通过移动终端对所购买的产品进行结算支付，还可以缴纳话费、燃气、水电等生活费用。

A. 传统银行   B. 移动支付

C. 网上银行   D. 第三方支付

7. 移动支付的特征（　　　）

A. 无时空限制   B. 方便管理

C. 隐私度较高   D. 综合度较高

8. 网上支付具有以下特征，其中错误的是（　　　）。

A. 网上支付是采用先进的技术通过数字流转来完成信息传输的

B. 网上支付的工作环境是基于一个封闭的系统平台之中

C. 网上支付使用的是最先进的通信手段

D. 网上支付具有方便、快捷、高效、经济的优势

9. 与传统银行相比，网上银行的特点是（　　　）

A. 降低了经营成本   B. 不受时间和空间的约束

C. 虚拟化的金融服务机构   D. 拓宽了业务范围

10. 网上支付时，资金是从（　　　）转向（　　　），商家得到账户变化信息。

A. 客户开户行   B. 商家开户行

C. 发卡行   D. 收单行

二、判断题

1. 电子商务环境下常用的电子支付工具主要有电子货币类、电子信用卡类和电子支票类。

（　　　）

2. 网上支付是电子商务发展的核心工程，它可以随时随地让人们完成购物消费活动，进行货币支付。

（　　　）

3. 银行网络能保证电子商务交易和支付安全、可靠地进行。 （　　　）

4. 网上银行无时空限制，有利于扩大客户群体。 （　　　）

5. 网上银行没有网上投资业务。 （　　）

6. 移动支付属于电子支付方式的一种，因而具有电子支付的特征。 （　　）

7. 根据支付方与受付方是否在同一现场，可以将移动支付分为远程支付和现场支付。

（　　）

8. 网上银行作为一种结合了货币电子化与移动通信的崭新服务，可以使人们在任何时间、任何地点处理多种金融业务。 （　　）

9. 网上银行的密码设置应与个人资料相关。 （　　）

10. 登录网上银行时尽量避免使用搜索引擎等第三方途径。 （　　）

三、简答题

1. 电子支付的特征有哪些？

2. 什么是移动支付，它有哪些特征？

3. 使用网上银行时应注意哪些安全问题？

答案

4

单元 4
电子商务安全

近些年来，电子商务在我国迅速发展，网上购物已经成为时下较为流行的购物方式，深受广大消费者的欢迎。然而，随着我国网络技术的进一步发展和广泛应用，电子商务的安全问题逐渐凸显出来，成为困扰我国电子商务工作人员的重要难题，如何应对电子商务安全问题值得大家进行深入思考。

4.1　电子商务安全案例分析

【案例一】

王某为某高校在校大学生，他于 2016 年 3 月 7 日 20 时左右在寝室登录淘宝网站，搜索到了一家二手笔记本电脑的店铺，并通过阿里旺旺与对方取得了联系。对方主动发送了一个压缩文件包，声称该压缩包中有很多笔记本图片。王某接受并打开了该压缩包，并以 600 元的价格成交。王某第一次通过网上银行交易支付 600 元后显示没有交易成功，对方让王某再次支付，于是王某又通过网上银行支付，但是还是没有支付成功。王某感觉比较奇怪，通过网上银行账户查询发现两次交易都已经成功，账户内已经有 1 200 元被转到上海某网络科技公司。后来王某再次联系卖家，但是已经无人应答。

此类案例中，犯罪分子通常引诱受害者打开自己提供的压缩包或执行文件，从而将木马病毒植入到受害者的计算机中。木马病毒则负责监控受害者网上银行交易操作，通过替换交易请求、记录并发送用户账号信息等手段达到诈骗的目的。

【案例二】

2017 年 2 月 25 日，上海消费者常先生发现自己当当网的账户里有一个新订单，订单显示是一条价值 1 578 元的千足金链子，"收件人姓名是自己，但是联系地址和联系电话都不是自己的"。常先生告诉记者，自己当当网账号的验证邮箱、密码、手机号都被篡改了，可自己事先并不知情。

在交易过程中，常存在假冒问题，攻击者通过非法手段盗用合法用户的身份信息，仿冒合法用户的身份与他人进行交易，进行信息欺诈与信息破坏，从而获得非法利益。

🔔 思考：进入百度网站，输入"电子商务安全"，结合搜索的结果和案例回答以下几个问题。

1. 电子商务中存在哪些安全问题？出现这些安全问题的原因是什么？
2. 电子商务安全管理对策有哪些？

4.2　了解计算机网络安全

电子商务安全的一个重要技术特征是利用计算机技术来传输和处理商业信息。因此，计算机网络安全是电子商务安全的一个重要方面。

4.2.1　计算机网络安全问题的分类

计算机网络安全所遭受到的攻击可以分为中断、介入、篡改、假造4类，如图4-1所示。

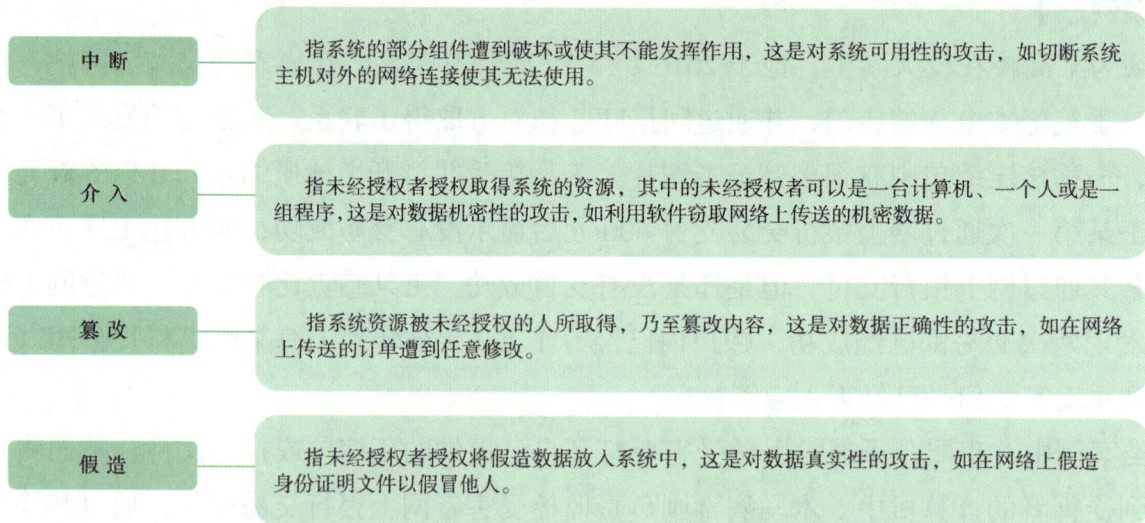

中断	指系统的部分组件遭到破坏或使其不能发挥作用，这是对系统可用性的攻击，如切断系统主机对外的网络连接使其无法使用。
介入	指未经授权者授权取得系统的资源，其中的未经授权者可以是一台计算机、一个人或是一组程序，这是对数据机密性的攻击，如利用软件窃取网络上传送的机密数据。
篡改	指系统资源被未经授权的人所取得，乃至篡改内容，这是对数据正确性的攻击，如在网络上传送的订单遭到任意修改。
假造	指未经授权者授权将假造数据放入系统中，这是对数据真实性的攻击，如在网络上假造身份证明文件以假冒他人。

图4-1　计算机网络安全问题的分类

4.2.2　计算机网络安全措施

计算机网络安全的内容包括计算机网络设备安全、计算机网络系统安全、数据库安全等。其特征是针对计算机网络本身可能存在的安全问题，实施网络安全增强方案，以保证计算机网络自身的安全。

计算机网络安全措施主要包括保护网络安全、保护应用服务安全和保护系统安全3个方面，每个方面都要结合考虑安全防护的物理安全、防火墙、信息安全、Web安全、媒体安全等。

1.保护网络安全

网络安全是为保护商务各方网络端系统之间通信过程的安全性。保证机密性、完整性、认证性和访问控制性是网络安全的重要因素。保护网络安全的主要措施如下。

（1）全面规划网络平台的安全策略。

（2）制定网络安全的管理措施。

（3）使用防火墙。

（4）尽可能记录网络上的一切活动。

（5）注意对网络设备的物理保护。

（6）检验网络平台系统的脆弱性。

（7）建立可靠的识别和鉴别机制。

2.保护应用服务安全

保护应用服务安全，主要是针对特定应用（如 Web 服务器、网络支付专用软件系统）所建立的安全防护措施，它独立于网络的其他安全防护措施。虽然有些防护措施可能是网络安全业务的一种替代或重叠，如 Web 浏览器和 Web 服务器在应用层上对网络支付结算信息包的加密，都通过 IP 层进行，但是许多应用还有自己的特定安全要求。

由于电子商务中的应用层对安全的要求最严格、最复杂，因此更倾向于在应用层而不是在网络层采取各种安全措施。

虽然网络层上的安全仍有其特定地位，但是人们不能完全依靠它来解决电子商务应用的安全性。应用层上的安全业务可以涉及认证、访问控制、机密性、数据完整性、不可否认性、Web 安全性、EDI 和网络支付等应用的安全性。

3.保护系统安全

保护系统安全是指从整体电子商务系统或网络支付系统的角度进行安全防护，它与网络系统硬件平台、操作系统、各种应用软件等互相关联。涉及网络支付结算的系统安全包括以下措施。

（1）在安装的软件中，如浏览器软件、电子钱包软件、支付网关软件等，检查和确认未知的安全漏洞。

（2）技术与管理相结合，使系统具有最小穿透风险性。例如，通过诸多认证才允许连通，对所有接入数据必须进行审计，对系统用户进行严格安全管理。

（3）建立详细的安全审计日志，以便检测并跟踪入侵攻击等。

4.3　电子商务安全

电子商务有许多潜在的巨大优势，但是也存在许多不足。支持电子商务的电子化系统和基础设施很容易受到各种滥用、误用及各种不同类型故障的影响。所有电子商务参与者都有可能会遭遇巨大的危险，这些危险可能是由于人为的失误、系统的故障、有意识的犯罪或各种灾害所造成的。

4.3.1　电子商务安全的内涵

电子商务安全从整体上可以分为两大部分，一是电子商务系统安全；二是电子商务信息安全，如图 4-2 和图 4-3 所示。

电子商务系统安全	电子商务系统硬件安全	指保护计算机系统硬件（包括外部设备）的安全，保证其自身的可靠性和为系统提供基本安全机制。
	电子商务系统软件安全	指保护软件和数据不被篡改、破坏和非法复制，使系统中信息的存取、处理和传输满足系统安全策略的要求。
	电子商务系统运行安全	指保护系统能连续和正常地运行。
	电子商务安全立法	是对电子商务犯罪的约束，它是利用国家机器，通过安全立法，体现与犯罪斗争的国家意志。

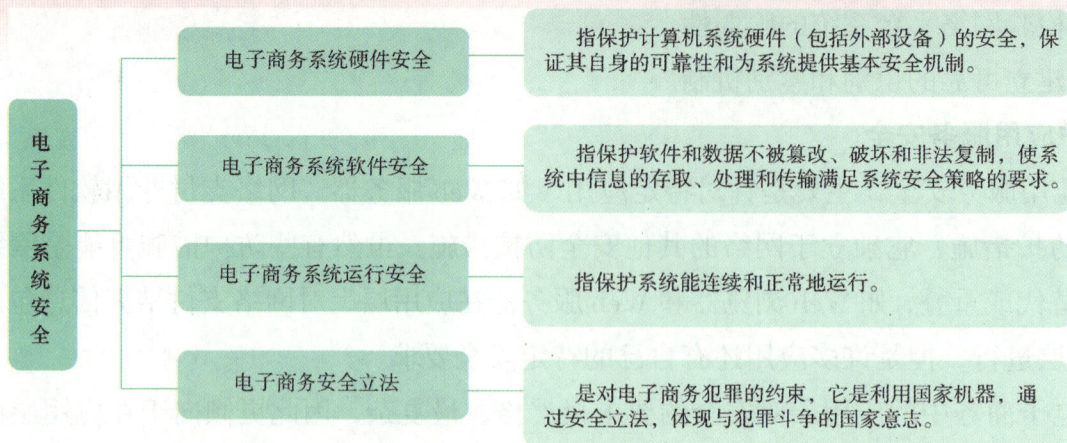

图4-2　电子商务系统安全

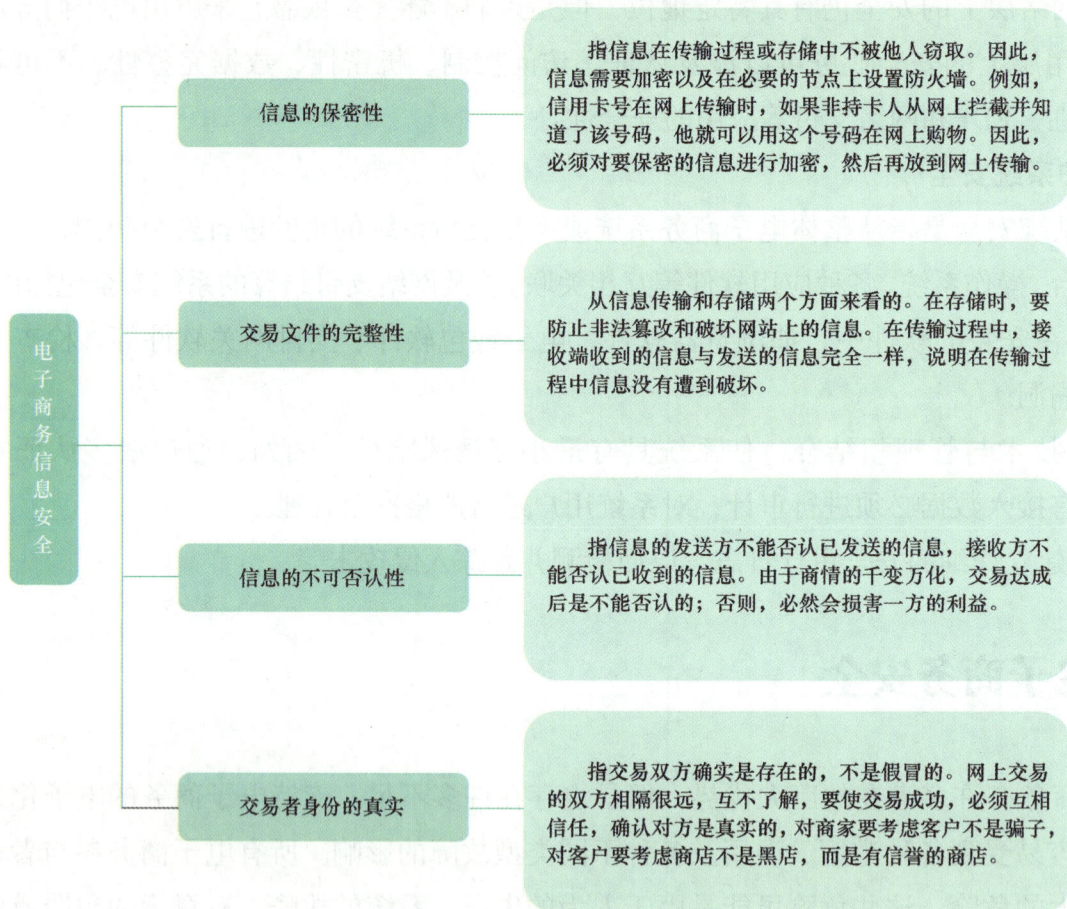

电子商务信息安全	信息的保密性	指信息在传输过程或存储中不被他人窃取。因此，信息需要加密以及在必要的节点上设置防火墙。例如，信用卡号在网上传输时，如果非持卡人从网上拦截并知道了该号码，他就可以用这个号码在网上购物。因此，必须对要保密的信息进行加密，然后再放到网上传输。
	交易文件的完整性	从信息传输和存储两个方面来看的。在存储时，要防止非法篡改和破坏网站上的信息。在传输过程中，接收端收到的信息与发送的信息完全一样，说明在传输过程中信息没有遭到破坏。
	信息的不可否认性	指信息的发送方不能否认已发送的信息，接收方不能否认已收到的信息。由于商情的千变万化，交易达成后是不能否认的；否则，必然会损害一方的利益。
	交易者身份的真实	指交易双方确实是存在的，不是假冒的。网上交易的双方相隔很远，互不了解，要使交易成功，必须互相信任，确认对方是真实的，对商家要考虑客户不是骗子，对客户要考虑商店不是黑店，而是有信誉的商店。

图4-3　电子商务信息安全

　　电子商务安全是一个复杂的系统问题。电子商务安全立法与电子商务应用的环境、人员素质等有关，基本上不属于技术上的系统设计问题，而硬件安全是目前硬件技术水平能够解决的问题。鉴于现代计算机系统软件的庞大和复杂性，软件安全中的信息安全成为电子商务系统安全的关键问题。

4.3.2 电子商务中存在的安全问题

随着电子商务应用范围的日益扩大，呈现出大规模、跨行业、跨组织的发展趋势。但其发展也正面临着诸多瓶颈性问题，安全问题首当其冲，突出体现在以下几个方面。

1.交易的安全性得不到保障

电子商务的安全问题仍然是影响电子商务发展的主要因素。

由于电子商务在开放的网络上进行商贸活动，如何保证传输数据的安全成为电子商务能否普及的最重要的因素。交易双方进行交易的内容被第三方窃取，交易一方提供给另一方使用的证明文件被第三方非法使用，从而进行商业欺诈。当攻击者掌握了信息的格式和规律后，通过各种技术手段和方法，将网络上传输的信息数据篡改，然后再发向目的地，破坏数据的真实性和完整性。

2.电子商务的管理不规范

电子商务的发展给传统贸易带来了巨大的冲击，带动了经济结构的变革，电子商务给世界带来全新的商务规则和销售方式，这要求在管理上要做到科学规范。政府应积极介入管理，促进网络健康稳定的发展，制约网络上的违法行为。电子商务交易平台也是非常重要的，Web 交易平台直接面向消费者，是电子商务的门面，内部经营管理体系则是完成电子商务活动的必备条件，它关系到业务能否最终实现。

3.电子支付问题

近年来电子商务快速发展，为了完成电子商务交易，不同的现金支付工具，如信用卡、电子收费等不断出现。人们最常用的还是信用卡，然而，正是信用卡成了影响电子商务进一步发展的主要障碍。信用卡欺诈问题一直困扰着商家和消费者，并且愈演愈烈。银行和电子技术专家没有对电子银行和电子商务的网络标准完全达成一致，但他们都认识到存在于虚拟空间的网络标准与金融交易存在联系。

4.3.3 电子商务安全管理对策

电子商务安全管理，不应当只是从单纯技术角度考虑如何解决的问题，而是应该从综合的安全管理思路进行考虑，因为从电子商务的运行环境来看，技术环境是一个重要方面，科学的管理环境也是电子商务顺利运行不可或缺的一个方面。

1.电子商务安全技术保障

电子商务的运作涉及资金安全、信息安全、货物安全、商业秘密等多方面的安全问题，任何一点漏洞都可能导致大量资金流失。目前电子商务比较成熟的技术安全措施有以下几种。

（1）加密技术。为了实现信息的私密性，必须采用信息加密技术。信息加密技术是一种主动的信息安全防范措施，其原理是利用一定的加密算法，将明文转换成看似无意义的密文，阻止非法用户理解原始信息，从而确保信息数据的保密性。

（2）安全认证技术。随着电子商务的发展，以互联网为交易平台的交易将越来越多。由于是通过网络签订的合作协议，其中的签名、图章通过某些计算机技术就能够伪造，不少企业因此遭受了巨大的损失。目前，在技术上解决这个问题的手段有电子签名技术。电子签名是指在一个数据信息中或附在其后或逻辑上与其有联系的电子形式的签名，其在形式上与传统签名差别很大，但在功能上，两者却很接近，都是用来鉴别合同的当事人并表明其同意该数据信息的内容。电子签名一方面解决了对用户的认证问题，另一方面解决了用户对商家的认证问题，建立了完善的双向认证机制。在具体的应用中，电子签名技术是通过与加密技术相结合实现的，数字签名保证了电子商务主体的身份，加密技术保证了数字签名的安全。

（3）电子商务中的第三方支付技术。在电子商务活动中，网上支付是必不可少的环节。在这个环节中，消费者、网上商家、交易双方银行、信用卡组织之间都要承担相应的安全方面的义务。但是，尽管目前存在着网上支付的SET、SSL协议等安全协议，作为网上支付工具的网上银行中的资金仍然出现了被他人恶意交易，或者直接被盗走的现象。目前，为了解决网上支付的安全问题，采用第三方支付平台是比较先进的做法。第三方支付平台有两种代表，一种是以首信为代表的网关型支付平台，它为电子商务提供了统一的支付界面、手续费用标准，结算较为便利；另一种是以支付宝为代表的信用担保型第三方支付平台，支付宝保障了电子商务过程中双方尤其是买方的利益，保证了资金流和货物流的顺利对流，它为交易提供了担保，通过改造支付流程，保障了交易资金的安全。

（4）病毒防范技术。电子商务系统虽然可以提高交易效率，但也不可避免地为计算机病毒的传播创造了条件。计算机病毒轻则影响计算机的运行速度，重则盗取用户的信息，"替"用户交易，给用户造成巨大的损失。

随着互联网和电子商务的快速发展，利用网络犯罪的行为大量出现，为了保证电子商务的顺利发展，病毒防范技术是必不可少的。由于病毒的攻击需要突破网关，因此网关防御是至关重要的。

当前CSG（Content Security Galway）内容安全网关是解决网关病毒攻击的一种技术，它支持多种形式的防护，包括使用双病毒扫描引擎的防病毒检测、防垃圾邮件、URL过滤、关键词过滤等。CSG能够真正做到即插式完全透明的网关解决方案，部署到客户网络环境中而无须修改任何设置，即可为客户提供防御保护。基于流式的病毒扫描技术，CSG可满足用户对"高吞吐量、高并发连接、低延迟"的需要。

（5）防火墙技术。防火墙是建立在通信技术和信息安全技术之上，由软件或软件和硬件设备组合而成的，主要用于Internet接入和专用网与公用网之间的安全连接。只有被允许的通信才能通过防火墙，在网络之间建立起一个安全屏障，从而起到内部网络与外部公网的隔离，根据制定的策略对网络数据进行过滤、分析和审计，限制外界用户对内部网络的访问，管理内部用户访问外界网络的权限，并对各种攻击提供有效的防范。

2.电子商务安全管理措施

（1）提高网络安全防范意识。现在许多企业虽然建立了技术防范机制，就是运用先进适用的信息安全技术建造起一道道的屏障，阻隔罪犯或竞争对手的入侵，防范和化解风险，保证电子商务的顺利进行，但是没有意识到互联网的易受攻击性。据调查，目前国内的网站存在安全问题，其主要原因是企业管理者缺少或没有安全意识。某些企业网络管理员甚至认为其公司规模较小，不会成为黑客的攻击目标，这种态度必然网络安全无从谈起。只有提高网络安全防范意识，构建防范信息风险的心理屏障，才能维护电子商务的信息安全。

（2）建立电子商务安全管理组织体系。完善的安全管理组织体系应该根据企业目标及安全方针，建立信息安全指导委员会，委员会要由企业高层管理者领导，各职能部门相关负责人参加，定期召开会议，对组织内的信息安全问题进行讨论并作为决策，为组织的信息安全提供指导与支持。主要职能有：审批信息安全方针、政策，分配信息安全管理职责；确认风险评估，审批信息安全预算计划及设施的购置；评审与监测信息安全措施的实施及安全事故的处理，对与信息安全管理有关的重大更改事项进行决策，协调信息安全管理队伍与各部门之间的关系。

（3）建立电子商务的信息安全管理制度。制度是搞好管理的依据，应制定科学合理的电子商务信息安全管理制度。每个企业都应该根据自身的特点为网络或网络的各部门划分安全等级，确定具体的安全目标。企业电子商务信息安全管理制度主要包括人员管理制度、保密制度、系统维护制度、病毒防范制度等。

综上所述，电子商务管理体系应具备的特点是保持与经济体制的一致性，与信息安全保密管理的一致性，与经济安全监督的一致性，与信用体制的一致性。政府和企业应该重视电子商务安全，在法律提供者、安全需求者、信息技术专家和产品供应者的共同努力下，创造一个安全的系统环境，促进电子商务的发展。

4.4　电子商务法律问题

自20世纪90年代以来，以互联网为基础的电子商务迅猛发展。与传统商务方式相比，电子商务具有3个特点。一是无国界性。因特网是开放性的，易于访问，没有出、入境限制，缩短了供需双方的距离。二是虚拟性。电子商务活动中，企业经营使用的场所、机构、人员都可虚拟化。企业申请一个网址后，就可以利用它来宣传自己的产品，接受订货等。传统商务方式所用的信息及其载体被数字化了。三是人们被授予识别号、识别名或识别文件作为其在网上活动的标识，手写签名、图章等被电子签名代替，纸制凭证记录被电子表单、记录、文件等代替。电子商务的这些特点，在给经营者带来巨大商机和给消费者带来空前便利的同时，也引出了许多法律问题。

4.4.1　电子商务中的法律问题

电子商务中的法律问题主要包括电子商务交易中的法律问题、电子商务中知识产权的法律问题、电子商务中个人隐私权的法律问题等，具体表现在以下5个方面。

1.电子商务交易的基本规则

电子商务的参与者，包括企业、消费者、金融机构和网络服务商等主体之间必须建立起一套共同遵守的商业规则，且这种规则要为各国法律所确认。这些规则包括电子商务合同的签订、合同生效的时间地点、电子商务文件的证据效力、电子签名的认证、争端的解决方式及电子商务纠纷的司法管辖权问题等方面。

2.电子商务中的知识产权保护

电子商务不可避免地涉及知识产权问题。卖家希望他们的知识产权不被剽窃，买家也不希望买到假冒伪劣产品。电子商务活动中涉及域名、计算机软件、版权、商标等诸多问题，这些问题单纯地依靠加密等技术手段是无法予以充分有效的保护的，因此，必须建立起全面的法律框架，为权利人提供实体和程序上的双重法律依据。

3.电子商务税收

电子商务的国际化、数字化、虚拟化等特征使得各国基于属地和属人两种原则建立起来的税收管辖权面临挑战。同时，电子商务方式与传统商务方式的区别对纳税主体、客体、纳税环节、地方等税收概念和理论造成巨大冲击。

4.保护隐私权

电子商务既要保证信息公开、自由流动，又要防止滥用个人信息。因此，要对商品及服务供应商、网络服务商收集、加工、存储和使用个人信息进行规范，防止因隐私权问题而影响电子商务的健康发展。

5.确保交易安全

保证电子商务安全进行除了建立完善的加密、解密系统等技术措施外，还要立法保障通信网络顺畅、信息系统安全、确保信息的真实性和保密性以及防止非法修改等。如制定对计算机黑客攻击、计算机病毒制造与传播等行为的防范和惩罚的法律法规。

4.4.2　电子商务法的内涵

电子商务法是指调整平等主体之间通过电子行为设立、变更和消灭财产关系和人身关系的法律规范的总称；是政府调整、企业和个人以数据电文为交易手段，通过信息网络所产生的，因交易形式所引起的各种商事交易关系，以及与这种商事交易关系密切相关的社会关系、政府管理关系的法律规范的总称。

2018年8月31日，全国人大常委会表决通过《中华人民共和国电子商务法》，其中明确规定：对关系消费者生命健康的商品或者服务，电商平台经营者对平台内经营者的资质资格未尽到审核义务，或者对消费者未尽到安全保障义务，造成消费者损害的，依法承担相应的责任。电商平台经营者对平台内经营者侵害消费者合法权益行为未采取必要措施，或者对平台内经营者未尽到资质资格审核义务，或者对消费者未尽到安全保障义务的，由市场监督管理部门责令限期改正，可以处五万元以上五十万元以下的罚款；情节严重的，责令停业整顿，并处五十万元以上二百万元以下的罚款。

电子商务法受电子商务活动的影响，有其不同于传统法律法规的自身特征。主要体现在以下4个方面。

1.商法性

商法是规范商事主体和商事行为的法律规范。电子商务法规范主要属于行为法，如数据电文制度、电子签名及其认证制度、电子合同制度、电子信息交易制度、电子支付制度等。但是电子商务法也含有组织法的内容，如认证机构的设立条件、管理、责任等。

2.技术性

在电子商务法中，许多法律规范都是直接或间接地由技术规范演变而来。比如一些国家将运用公开密匙体系生成的数字签名规定为安全的电子签名。这样就将有关公开密匙的技术规范转化成了法律要求，对当事人之间的交易形式和权利义务的行使都有极其重要的影响。

3.开放性和兼容性

开放性是指电子商务法要对世界各地区、各种技术网络开放；兼容性是指电子商务法应适应多种技术手段、多种传输媒介的对接与融合。只有坚持了这个原则，才能实现世界网络信息资源的共享，保证各种先进技术在电子商务中的应用。

4.国际性

电子商务固有的开放性、跨国性，要求全球范围内的电子商务规则应该是协调和基本一致的。电子商务法应当而且可以通过多国的共同努力加以发展。

4.5 巩固练习

一、选择题

1."切断系统主机对外的网络连接使其无法使用"指的是计算机网络安全所遭受到的攻击中的（　　）。

    A. 中断   B. 介入

    C. 篡改   D. 假造

2."在网络上假造身份证明文件以假冒他人"指的是计算机网络安全所遭受到的攻击中的（　　）。

    A. 中断   B. 介入

    C. 篡改   D. 假造

3. 计算机网络安全的内容包括（　　　　）。

    A. 计算机网络设备安全　　　　　　　B. 计算机网络系统安全

    C. 数据库安全　　　　　　　　　　　D. 交易过程安全

4. 计算机网络安全措施主要包括（　　　　）。

    A. 保护网络安全　　　　　　　　　　B. 保护应用服务安全

    C. 保护系统安全　　　　　　　　　　D. 保护支付安全

5. 保护网络安全的主要措施有（　　　　）。

    A. 全面规划网络平台的安全策略　　　B. 使用防火墙

    C. 尽可能记录网络上的一切活动　　　D. 注意对网络设备的物理保护

6. 电子商务安全从整体上可以分为两大部分，分别是（　　　　）。

    A. 电子商务交易安全　　　　　　　　B. 电子商务系统安全

    C. 电子商务支付安全　　　　　　　　D. 电子商务信息安全

7. 电子商务系统安全包括（　　　　）。

    A. 硬件安全　　　　　　　　　　　　B. 软件安全

    C. 运行安全　　　　　　　　　　　　D. 电子商务安全立法

8. 电子商务中存在的安全问题主要有（　　　　）。

    A. 交易的安全性得不到保障　　　　　B. 电子商务的管理不规范

    C. 电子支付问题　　　　　　　　　　D. 物流问题

9. （　　　　）是建立在通信技术和信息安全技术之上，由软件或软件和硬件设备组合而成的，主要用于Internet接入和专用网与公用网之间的安全连接。

    A. 防火墙技术　　　　　　　　　　　B. 病毒防范技术

    C. 电子商务中的第三方支付技术　　　D. 加密技术

10. 电子商务信息安全包括（　　　　）。

    A. 信息的保密性　　　　　　　　　　B. 交易文件的完整性

    C. 信息的不可否认性　　　　　　　　D. 交易者身份的真实性

二、判断题

1. 电子商务安全的一个重要技术特征是利用计算机技术来传输和处理商业信息。（　　　　）

2. 信息的保密性是指信息在传输过程或存储中不被他人窃取。（　　　　）

3. 在网络上传送的订单遭到任意修改是计算机网络安全中的假造。（　　　　）

4. 随着互联网和电子商务的快速发展，利用网络犯罪的行为大量出现，为了保证电子商务的顺利发展，病毒防范技术是必不可少的。（　　　　）

5. 电子商务安全立法与电子商务应用的环境、人员素质等无关。（　　　　）

6. 支付宝保障了电子商务过程中双方尤其是买方的利益，保证了资金流和货物流的顺利对

流，它为交易提供了担保，通过改造支付流程，保障了交易资金的安全。 （ ）

7. 信息的不可否认性是指信息的发送方不能否认已发送的信息，接收方不能否认已收到的信息。由于商情的千变万化，交易达成后是不能否认的。 （ ）

8. 电子商务安全管理，应当只是从单纯技术角度考虑如何解决的问题。 （ ）

9. 电子商务安全不需要政府参与。 （ ）

10. 电子商务管理体系应具备的特点是与经济体制的一致性，与信息安全保密管理的一致性，与经济安全监督的一致性，与信用体制的一致性。 （ ）

三、简答题

1. 电子商务安全包括哪些内容？

2. 电子商务安全管理对策有哪些？

答案

5

单元 5

网络营销

通过网络找到并开发自己的潜在客户、开拓市场，这已经成为产品生产者和销售者推销产品的必由之路。网上巨大的消费群体特别是居民消费习惯的变化，给网络营销提供了广阔的空间。网络营销的潜在力量，将对整个营销市场产生巨大的冲击。

5.1　网络营销案例

互联网已经渗透到人们的日常工作及生活的各个层面，从营销的角度来分析，许多常见的互联网应用背后都包含着与网络营销直接或间接的联系。

【案例一】心理医生与蘑菇病人

有一个精神病人，以为自己是一只蘑菇，于是他每天都撑着一把伞蹲在房间的墙角，不吃也不喝，像一只真正的蘑菇一样。心理医生想了一个办法，心理医生也撑了一把伞，蹲坐在了病人的旁边。病人很奇怪地问："你是谁呀？"医生回答："我也是一只蘑菇呀。"病人点点头，继续做他的蘑菇。

过了一会儿，医生站了起来，在房间里走来走去，病人就问他："你不是蘑菇吗，怎么可以走来走去呢？"医生回答说："蘑菇当然也可以走来走去啦！"病人觉得有道理，也站起来走了走。又过了一会儿，医生拿出一个汉堡包开始吃，病人又问："咦，你不是蘑菇吗，怎么可以吃东西呢？"医生理直气壮地回答："蘑菇当然也可以吃东西呀！"病人觉得很对，于是也开始吃东西。

几个星期以后，这个精神病人就能像正常人一样生活了，虽然，他还觉得自己是一只蘑菇。

思考：进入百度网站，输入"网络营销人员能力"，结合搜索的结果和案例总结网络营销人员应具备的能力。

【案例二】当传统凉皮遇上网络营销

离家 12 年，在北京的高档写字楼里，北漂青年李大伟第一次吃上了来自家乡宁夏回族自治区石嘴山市的正宗凉皮。李大伟是在一个老乡的微博上发现的"宁夏大武口凉皮"，通过微博或淘宝下单就可以邮购真空包装的正宗大武口凉皮。

这家店就在石嘴山市大武口区，30 岁出头的店主赵刚到现在也没搞明白，自己的凉皮店怎么一下就火了。

赵刚以前是代理商，夹在生产企业和商家之间里外受牵制，利润空间很小。正当面临转型的困惑时，一个偶然的机会，赵刚下定决心做家乡传统小吃——大武口凉皮。那是一次西安之行，赵刚给西安的朋友带去了家乡的特产——凉皮，朋友们吃过都赞不绝口，都看好凉皮项目，鼓励正在寻找出路的赵刚做凉皮。

做代理商多年，赵刚明白，做产品只要品质好，就能占得先机、赢得市场。为了保证凉皮的品质，赵刚用优等的面粉、清油；为了味道更地道，他挨个尝试大武口凉皮店的辣子配料味道……赵刚一边摸索，一边请身边的亲朋好友品尝自己的产品，直到大伙儿满意为止。很快，在大武口凉皮市场上，赵刚的凉皮以品质高、味道正为人们所称赞。

考虑到在外地的家乡人对大武口凉皮的情有独钟，赵刚就想到了网络营销。很快，关于大武口凉皮外卖的告示出现在赵刚的微博中。

令赵刚完全没有预料到的是，几何式的扩散效应很快显现。短短两天，大武口凉皮的微博被大量转发，淘宝店每天点击量达到40万，订单最多的时候，一天达上万份；"宁夏大武口凉皮"的微博粉丝量也在大增，很快就过万。

"大武口凉皮一下出名了！"赵刚的店本来开得不大，随着网络订单从全国各地源源不断涌来，一时自家产的凉皮供不应求，情急之下，他暂且只能收购其他店面的凉皮，加工包装后再出售。自开张以来，赵刚的生意一天比一天红火，每天都能卖出几千份。以品质打天下，赵刚自信满满，他的顾客中，回头客占了一大半。

质量是关键。赵刚也在不断摸索，虽是真空包装，但长距离邮购，凉皮难免受挤压，同时，气温高也容易变质。他打算将氮气冲入包装袋，可以避免挤压，同时也有助于耐高温；为了进一步保证质量，赵刚着手筹建自己的厂房，成批量加工凉皮，以避免收购其他店可能产生的质量问题，并确保口味一致。

"去年是凉皮项目出生的一年，2014年是发展年，您有什么好建议呢？求指点！"岁末年初，宁夏大武口凉皮在微博上征集网友意见。

"加盟、连锁，肯德基就是你们的榜样""求寄到英国""还需要点儿名人效应，比如说庆丰包子铺！"……网友积极建言献策，赵刚全都记下了这些意见，并认真研究制定大武口凉皮的营销之路。

🔔 **思考**：进入百度网站，输入"传统企业实施网络营销"，找出3个典型案例并总结其成功之道。

【案例三】网络广告

网络广告 (Web Ad) 是一种新兴的广告形式，网络营销广告是指广告主以付费方式运用互联网媒体发布、传播的广告信息，对公众进行劝说的一种信息传播活动。

目前网络广告的市场正在以惊人的速度增长，网络广告发挥的效用越来越显得重要。以致广告界甚至认为互联网络将超越路牌，成为传统四大媒体（电视、广播、报纸、杂志）之后的第五大媒体。因而众多国际级的广告公司都成立了专门的"网络媒体分部"，以开拓网络广告的巨大市场。

中国的第一个商业性的网络广告出现在1997年3月，传播网站是 Chinabyte，广告表现形式为动画旗帜广告。Intel 和 IBM 是国内最早在互联网上投放广告的广告主。我国网络广告一直到1999年初才稍有规模。历经多年的发展，网络广告行业经过数次洗礼已经慢慢走向成熟。

思考：登录一些知名网站，说出网页上哪些内容是广告，并分析网络广告的特点及类型。

5.2　网络营销概述

网络营销是数字经济时代的一种崭新的营销理念和营销模式，是近年来众多营销理念的发展、凝练和升华，是促使企业开辟广阔市场，获取增值效益的马达，是连接传统营销，又引领和改造传统营销的一种可取形式和有效方法，是用信息化技术进行的全部营销活动，是提升企业核心竞争能力的一把金钥匙。

在电子商务迅猛发展的今天，网络营销将是广大企业、营销组织，特别是中小企业进军电子商务的切入点。

5.2.1　网络营销的概念

网络营销是指借助联机网络、计算机通信和数字交换式媒体的优势来实现企业营销目的的活动。其内容包括网络调研、网络新产品开发、网络促销、网络服务等，它是企业整体营销战略的一部分。

从网络营销的概念可以看出，网络营销并不是完全独立于传统营销活动，它是建立在计算机和网络技术上的营销活动。尽管网络营销是一种新的营销形式，但它同传统的营销有着千丝万缕的联系，它们同样都是以开发产品、生产产品、宣传、销售及增加和消费者的沟通为目的的。但是它们之间又存在着明显的不同，特别是在实施和操作过程中有着明显的差别。

5.2.2　网络营销的主要内容

1.网上市场调查

企业通过网络进行的市场调查，可以提高效率、降低成本，同时又能够实现信息的自动处理，极大地提高市场调查的质量，分辨出有效的信息。市场调查是市场营销的基本活动之一。通过市场调查，企业可以了解市场对其所提供的产品或服务的需求情况，以及消费者对这类产品注意力的变化情况；同时了解生产要素、生产现状及其变化情况。互联网为信息的发布、搜集和传递提供了一个有效的平台。

2.网络消费行为分析

市场中消费者的需求也是千差万别的。因此，要制定出有效的营销策略必须针对消费者的具体情况来分析他们的需求。网络消费者是网络社会的群体，他们有着鲜明的特点。通常，网络消费者的购物类型可分为专门计划购物、一般计划购物、提醒购物和完全无计划购物4种。专门计划购物是指购买者进网站前就已经明确了要购买的商品；一般计划购物是指虽然进入网站前明确了要购买的商品，但是购买者还需要根据其他条件，如制造商，来最终明确所购买的商品；提醒购物是指企业的促销活动影响了顾客的需求；完全无计划购物是指那些无购物目的的行为。

3.网络营销策略制定

制定合适的网络营销策略也是网络营销的活动之一。不同的企业在市场中的地位不同，同时，网络营销也有它的特点。所以，企业在制定网络营销策略时要根据自己的情况，考虑各种对网络营销产生影响的因素来制定合适的策略。

5.2.3　网络营销的特点

网络营销是建立在互联网和计算机技术发展之上的一种营销活动。因此，它具备了一些和互联网相似的特点。营销的本质就是在企业和用户之间进行广泛的信息传播，互联网的发展使用户可以以相当低廉的费用有效地交换信息，这就为企业使用网络进行营销活动创造了条件。网络营销的特点如图 5-1 所示。

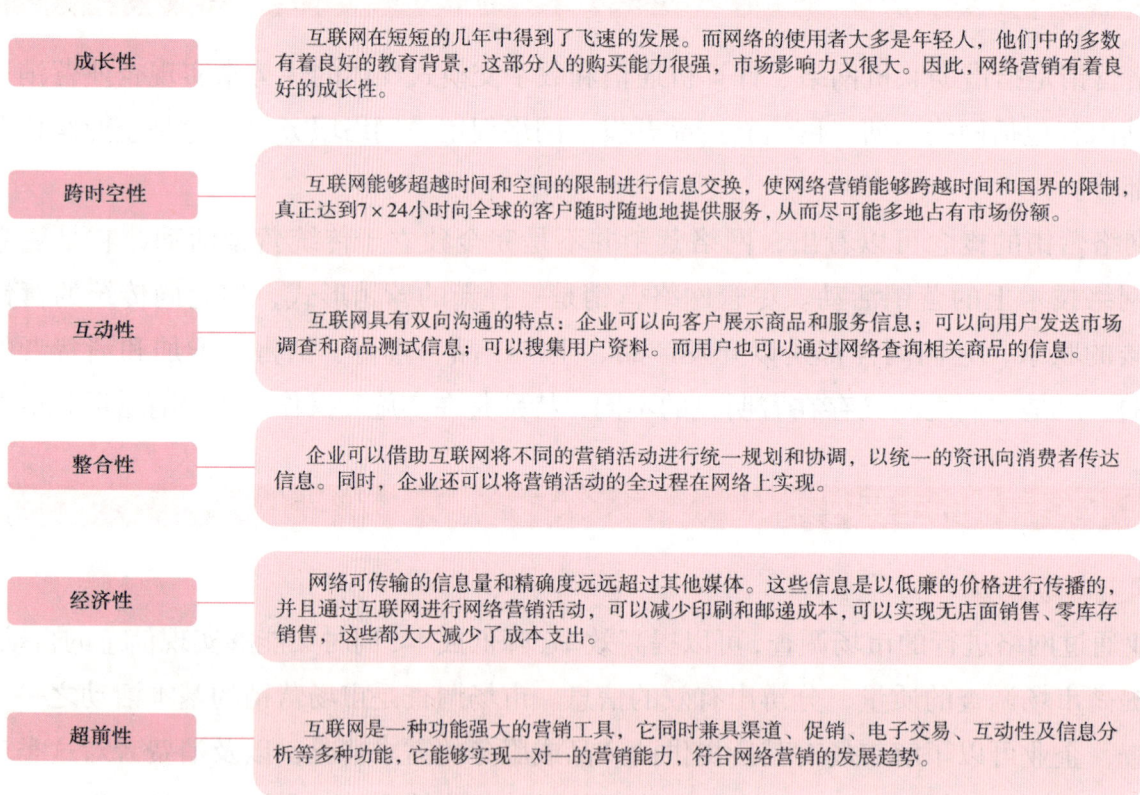

成长性	互联网在短短的几年中得到了飞速的发展。而网络的使用者大多是年轻人，他们中的多数有着良好的教育背景，这部分人的购买能力很强，市场影响力又很大。因此，网络营销有着良好的成长性。
跨时空性	互联网能够超越时间和空间的限制进行信息交换，使网络营销能够跨越时间和国界的限制，真正达到7×24小时向全球的客户随时随地地提供服务，从而尽可能多地占有市场份额。
互动性	互联网具有双向沟通的特点：企业可以向客户展示商品和服务信息；可以向用户发送市场调查和商品测试信息；可以搜集用户资料。而用户也可以通过网络查询相关商品的信息。
整合性	企业可以借助互联网将不同的营销活动进行统一规划和协调，以统一的资讯向消费者传达信息。同时，企业还可以将营销活动的全过程在网络上实现。
经济性	网络可传输的信息量和精确度远远超过其他媒体。这些信息是以低廉的价格进行传播的，并且通过互联网进行网络营销活动，可以减少印刷和邮递成本，可以实现无店面销售、零库存销售，这些都大大减少了成本支出。
超前性	互联网是一种功能强大的营销工具，它同时兼具渠道、促销、电子交易、互动性及信息分析等多种功能，它能够实现一对一的营销能力，符合网络营销的发展趋势。

图 5-1　网络营销的特点

5.2.4　网络营销工具

网络营销是借助所有被目标用户认可的网络应用服务平台开展的引导用户关注的行为或活动，目的是促进产品在线销售及扩大品牌影响力。随着互联网的发展，网络应用服务不断增多，网络营销方式也越来越丰富。

1.搜索引擎营销

根据用户使用搜索引擎的方式，利用用户检索信息的机会尽可能将营销信息传递给目标用户。搜索引擎营销分为以下 SEO 和 PPC。

（1）SEO（Search Engine Optimization），即搜索引擎优化，是通过对网站结构（内部链接结构、网站物理结构、网站逻辑结构）、高质量的网站主题内容、丰富而有价值的相关性外部链接进行优化而使网站对用户及搜索引擎更加友好，以获得在搜索引擎上的优势排名，为网站引入流量。

（2）PPC（Pay Per Click），指购买搜索结果页上的广告位来实现营销目的。各大搜索引擎都推出了自己的广告体系，相互之间只是形式不同而已。搜索引擎广告的优势是相关性，由于广告只出现在相关搜索结果或相关主题网页中，因此，搜索引擎广告比传统广告更加有效，客户转化率更高。

2.电子邮件营销

电子邮件营销是以订阅的方式将行业及产品信息通过电子邮件方式提供给所需要的用户，以此建立与用户之间的信任与信赖关系。大多数公司及网站都已经利用了电子邮件营销方式。

3.即时通信营销

即时通信（Instant Messaging，IM）是一个终端服务，允许两人或多人使用网络即时传递文字信息、档案、语音与视频交流，分为手机即时通信和网站即时通信。手机即时通信的代表是短信；网站即时通信，如 QQ、MSN、微信等。

即时通信除了能加强网络之间的信息沟通外，最主要的是可以将网站信息与聊天用户直接联系在一起。通过网站向聊天用户群及时发送信息，可以迅速吸引聊天用户群对网站的关注，从而加强网站的访问率与回头率。目前即时通信系统不但成为人们的沟通工具，还成为人们利用其进行电子商务、工作、学习等交流的平台，是利用互联网进行推广宣传的营销方式之一。

4.病毒式营销

病毒式营销是指发起人发出产品最初信息到用户，再依靠用户自发的口碑宣传，是网络营销中的一种常见而又非常有效的方法。它描述的是一种信息传递战略，经济学上称为病毒式营销，因为这种战略像病毒一样，利用快速复制方式将信息传向数以千计、数以百万计的受众。通过提供有价值的产品或服务，"让大家告诉大家"，通过别人来宣传，实现"营销杠杆"作用。例如很多网上店铺都设有留言板和友情链接，"我为别人宣传，别人为我宣传"。

5.社区营销

网络社区的主要形式有论坛（BBS）、聊天室（Chat Room）、讨论组（Discussion Group），网络社区可以增进和访问者或客户之间的关系，也可直接促进网上销售。新兴的网络社区逐渐显示出强大的营销功能。通过网络社区平台，围绕某个主题或区域，企业可以更大范围搜索消费者和传播对象，将分散的目标客户和受众精准地聚集在一起，利用新的网络手段扩大口碑传播，并且在日趋明显的消费模式（需求—搜索—行动—共享）中实现及时信息传输和回馈。

新时代的网络社区营销实际上也就是企业在网站上成立会员俱乐部与用户进行互动沟通。网络社区是企业和会员（最终会员和渠道会员）线上互动交流的最佳平台，许多企业已在其网站上不同程度地实现了客户服务、技术支持、产品促销等营销活动。

6.博客营销

博客营销就是建立企业博客，用于企业与用户之间的互动交流以及企业文化的体现，一般以诸如行业评论、工作感想、心情随笔和专业技术等作为企业博客内容，使用户更加信赖企业，深化品牌影响力。

博客营销可以是企业自建博客，也可以通过第三方商业服务实现。企业通过博客进行交流沟通，达到增进客户关系、发送商业活动的效果。企业博客营销相对于广告是一种间接的营销，企业通过博客与消费者沟通、发布企业新闻、收集反馈意见、实现企业公关等，这些虽然没有直接宣传产品，但是让用户接近、倾听、交流的过程本身就是最好的营销手段。企业博客与企业网站的作用类似，但是博客更大众一些。另外，利用博客（人）进行营销，也是博客界非常热门的话题，这其实才是博客营销的主流和方向。博客营销特点有低成本、分众、贴近大众、新鲜等，博客营销往往会形成众人的谈论，达到很好的二次传播效果。

博客的网络营销价值主要体现在8个方面：可以直接带来潜在用户；降低网站推广费用；为用户通过搜索引擎获取信息提供了机会；可以方便地增加企业网站的链接数量；以更低的成本对读者行为进行研究；是建立权威网站品牌效应的理想途径之一；减小了被竞争者超越的潜在损失；让营销人员从被动的媒体依赖转向自主发布信息。

7.播客营销

播客营销是通过广泛传播的个性视频中植入广告或在播客网站进行创意广告征集等方式来进行品牌宣传与推广，如"百事我创，网事我创"的广告创意征集活动。知名公司经常通过在国外目前最流行的视频播客网站发布创意视频广告来延伸品牌概念，使品牌效应不断地被深化。

8. SNS营销

SNS（Social Networking Services，社会性网络服务），专指在帮助人们建立社会性网络的互联网应用服务。而SNS网站是基于这种应用服务，依据六度理论建立的，以共同的朋友或兴趣爱好、地域等特性为关系基础的社区型网站，如Facebook、豆瓣都是SNS网站的代表。每个SNS的网站都有各自基于用户群属性而产生的特点，Facebook的目标是"紧密本已经认识的人的联系"，豆瓣是书籍、电影、音乐发烧友的沙龙。

SNS营销就是利用SNS网站的分享和共享功能，在以聚合人群为特点的社会化网络上，通过不同的组、好友交流分享企业品牌的信息，再由组与组、朋友与朋友之间的互相传播达到口碑营销的目的。SNS最核心的价值在于分享，不断地分享将形成病毒式营销。

9.知识营销

知识型营销通过与用户之间提问与解答的方式来提升用户黏性。如果扩展了用户的知识层面，用户就会表示感谢。企业不妨建立一个在线疑难解答的互动频道，让用户体验企业的专业技术水平和优质服务；或是设置一块区域，专门向用户普及相关知识，每天定时更新等。

10.事件营销

事件营销是指企业通过组织和利用具有新闻价值、社会影响及名人效应的人物或事件，吸引媒体、社会团体和消费者的兴趣与关注，以求提高企业或产品的知名度、美誉度；树立良好品牌形象，并最终促成产品或服务的销售手段和方式。事件营销就是通过把握新闻的规律，发掘具有新闻价值的事件，并通过具体的操作，让这一新闻事件得以传播，从而达到广告的效果。

由于事件营销方式具有受众面广、突发性强，在短时间内能使信息达到最大、最优传播的效果，为企业节约了大量的宣传成本等特点，近年来越来越成为国内外流行的一种公关传播与市场推广手段。例如，魔兽公司和某著名网络推广机构共同操作的百度贴吧魔兽世界吧的“贾君鹏，你妈妈叫你回家吃饭”一句话引起了网络的传播奇迹，贾君鹏事件帖子在短短数小时被390 617名网友浏览，并有17 028名网友跟帖回复。

11.口碑营销

口碑营销是新媒介时代众多营销方式的一种。企业在调查市场需求的情况下，为消费者提供需要的产品和服务，同时制订了一定的口碑推广计划，让消费者自动传播公司产品和服务的良好评价，从而让人们通过口碑了解产品、树立品牌、加强市场认知度，最终达到企业销售产品和提供服务的目的。口碑营销的每一个步骤都是营销人员可以发挥才能的地方。产品、服务的任何一点瑕疵都可能在市场上引起一场口碑风暴。

12.网络营销软件营销

以商务快车为代表的网络营销软件营销，整合了B2B网站、搜索引擎、邮件群发等多种营销方式，而且，网络营销软件具有优化功能，所发布的信息能快速被Baidu、Google、Yahoo等多个搜索引擎发现并收录。网络营销软件营销作为一种新兴的综合性网络营销方式，已经走向了众多中小企业。

13.平台类网站营销

以阿里巴巴为代表的B2B网站，是当前主流网络营销方式之一，是汇聚了众多厂商与采购商的专业电子商务平台。据相关数据，我国已经有4 000多家B2B网站，B2B网站的繁荣是网络营销大众化的重要体现。众多B2B网站有一个共同特点就是都存在一定的行业侧重性，特别是垂直性行业B2B网站，每个网站都有自己独立的一块市场。通常企业要使电子商务市场最大化，一般都需要注册并维护多个B2B网站上的商铺，或者成为B2B网站的会员或重点推广对象。

随着企业的规模和经营方向的变化，企业的经营目标也是动态的，而网络营销方式是随着时代的发展、实践的发展而发展的，企业在不同的经营时期对网络营销目标和网络营销方式的选择同样也是变化的。营销工具没有绝对的优劣，只要适合企业的产品和服务、用户认可的网络营销工具就是好的网络营销工具。网络营销都需要产品和服务有明确的特色和受众目标，并吸引用户访问、体验，以及不断改善用户的体验，然后促使体验者将良好的感受传递给更多的人，这是所有营销方式都期望达到的效果。

5.3　网络营销策略

影响企业网络营销目标实现的因素是多方面的。但基本因素有 4 个，即产品策略、定价策略、分销策略和促销策略，这 4 个营销策略的组合，因为它们英语的第一个字母都为"P"，所以通常也称为"4Ps"策略。网络营销策略是企业对其内部与实现营销目标有关的各种可控因素的组合和运用。

5.3.1　产品策略

产品策略（Product Strategy）是指企业以向目标市场提供各种适合消费需求的有形和无形产品的方式来实现其营销目标。在基于互联网的网络营销中，企业提供的产品和服务要有针对性，其产品形态、产品定位和产品开发要体现互联网的特点。产品必须能够满足消费者的整体需求，既包含对产品有形物质的需求，也包含对产品"无形服务"的需求。而这一切能满足消费者某种需求的有形物质和无形服务即营销学中所认识的产品，通常称为产品的整体概念。

在网络营销中，产品的整体概念可分为 5 个层次，相应地有不同的策略，如图 5-2 所示。

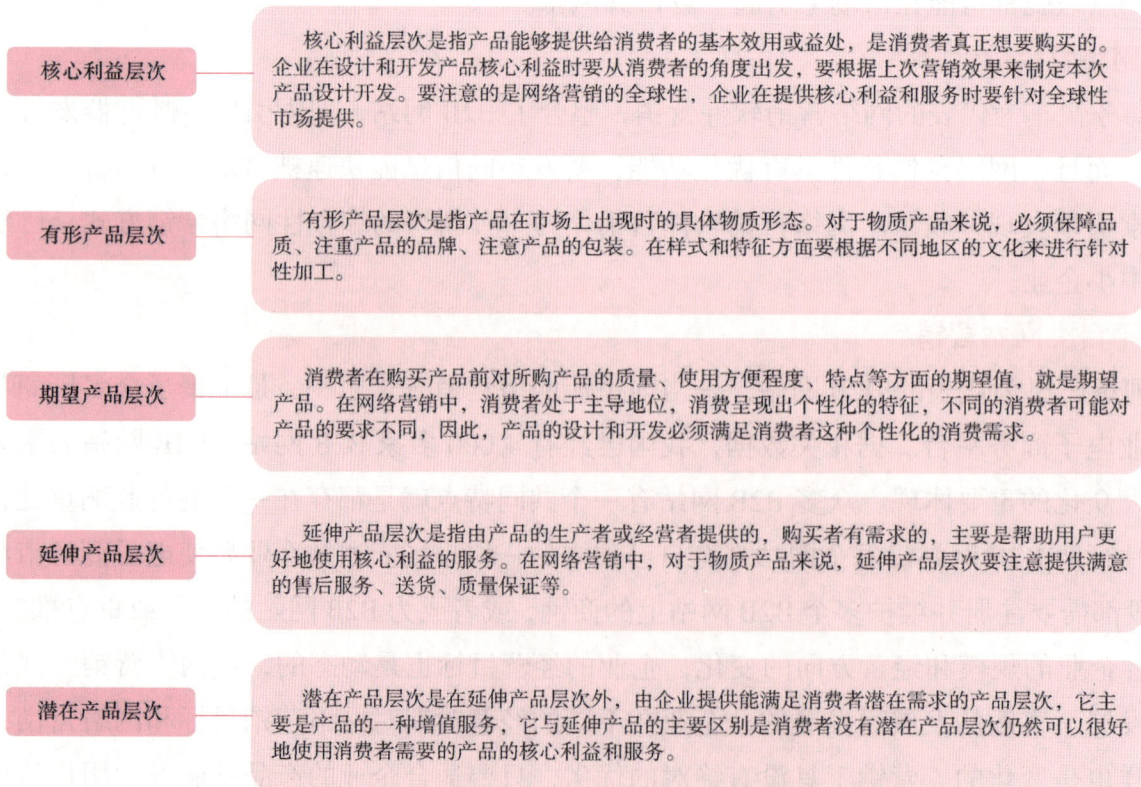

核心利益层次　核心利益层次是指产品能够提供给消费者的基本效用或益处，是消费者真正想要购买的。企业在设计和开发产品核心利益时要从消费者的角度出发，要根据上次营销效果来制定本次产品设计开发。要注意的是网络营销的全球性，企业在提供核心利益和服务时要针对全球性市场提供。

有形产品层次　有形产品层次是指产品在市场上出现时的具体物质形态。对于物质产品来说，必须保障品质、注重产品的品牌、注意产品的包装。在样式和特征方面要根据不同地区的文化来进行针对性加工。

期望产品层次　消费者在购买产品前对所购产品的质量、使用方便程度、特点等方面的期望值，就是期望产品。在网络营销中，消费者处于主导地位，消费呈现出个性化的特征，不同的消费者可能对产品的要求不同，因此，产品的设计和开发必须满足消费者这种个性化的消费需求。

延伸产品层次　延伸产品层次是指由产品的生产者或经营者提供的，购买者有需求的，主要是帮助用户更好地使用核心利益的服务。在网络营销中，对于物质产品来说，延伸产品层次要注意提供满意的售后服务、送货、质量保证等。

潜在产品层次　潜在产品层次是在延伸产品层次外，由企业提供能满足消费者潜在需求的产品层次，它主要是产品的一种增值服务，它与延伸产品的主要区别是消费者没有潜在产品层次仍然可以很好地使用消费者需要的产品的核心利益和服务。

图 5-2　产品策略的层次

5.3.2 定价策略

定价策略（Pricing Strategy）是指企业以按照市场规律制定价格和变动价格等方式来实现其营销目标。价格的合理与否会直接影响产品或服务的销路，是竞争的主要手段，关系到企业营销目标的实现。在进行网络营销时，企业应特别重视价格策略的运用，以巩固企业在市场中的地位，增强企业的竞争。根据影响营销价格因素的不同，网络定价策略可分为如下几种，如图5-3所示。

定制定价策略	定制定价策略的核心是价格会变动，根据消费者的需求进行针对性的定价。定制定价策略常适用于服务类，如品牌传播服务、网站优化推广、网站关键字推广等，需要根据客户的需求进行详细的分析，确定其难度，从而定制出一个合理的价格。
低价定价策略	低价定价策略的核心是薄利多销和抢占市场。薄利多销的前提是产品的需求量大，生产的效率高，如日常的生活用品纸巾、洗发水等。而抢占市场适用于一个新产品的发布，为了提高市场的知名度，为了树立消费者的认知，新产品的低价定价策略是一个不错的选择。
拍卖定价策略	拍卖定价策略是一种较为新颖的定价策略，物品起始的价格非常低，甚至为零，但是经过消费者的一番争夺后，其价格便会上涨，价格会高于货品正常的价格，如一些数量稀少难以确定价格的货品都可设置拍卖定价策略。拍卖定价策略的前提是物品稀少、市场需求大。
捆绑定价策略	捆绑定价策略是现代最为普遍的一种定价策略。捆绑定价策略多用于配套的产品或服务，也可用于类似的产品销售。但是捆绑定价策略不可使消费者产生负面的印象，需要使消费者满意。
品牌定价策略	在现代的产品销售中，定价除了考虑产品的成本和质量外，还需要考虑产品的品牌性，当消费者认准了一个品牌后，未来的消费都会倾向于该品牌。所以在进行网络营销时需要考虑产品的品牌性，如著名品牌，其定价会定高些，这样才能显示其品牌价值。
尾数定价策略	尾数定价又称为奇数定价，或者零头定价，是利用消费者在数字认识上的某种心理制定尾数价格，使消费者产生商品价格低廉、商家定价认真及售价接近成本等信任感。
差别定价策略	差别定价又称为"弹性定价"，是一种"依赖顾客支付意愿"而制定不同价格的定价法，其目的在于建立基本需求、缓和需求的波动和刺激消费。当一种产品对不同的消费者，或者在不同的市场上的定价与它的成本不成比例时，就会产生差别定价。

图 5-3　网络定价策略的分类

5.3.3 分销策略

分销策略（Placing Strategy）是指企业以合理地选择分销渠道和组织商品实体流通的方式来实现其营销目标。其中包括对分销有关的渠道覆盖面、商品流转环节、中间商、网点设置及储存运输等可控因素的组合和运用。在网络营销活动中，也有一个怎样实现商品由推销方向购买方转移的问题，企业必须通过一定的分销策略来实现网络营销目标。

1.增值策略

在网络营销中，增值策略包括产品信息的增值和客户信息的增值，即企业在正常产品价值之外向客户提供的价值增值量。

产品信息增值体现在生产商对产品信息的发布、组织和展示等方面。在网络营销过程中，产品性价比、竞争情况、消费者使用心得等信息也在销售过程中得到展现，在可以定制的生产企业中，消费者甚至可以参加产品的设计过程，向生产商表达自己的意愿和偏好。

客户信息增值体现在会员网络上。通过网络营销渠道建设，企业可以获得大量的客户信息，再通过数据挖掘客户关系管理系统的有效处理，使客户的信息得到充分利用。另外，会员制也使客户之间能够进行沟通和联系以及与企业进行交流，从而培养客户的忠诚度。

2.延伸策略

延伸策略是指企业在产品销售过程中对原有的销售方式和手段进行扩展，以利于消费者进行购买，从而实现产品销售的最大化，包括产品信息传播的延伸、产品营销手段的延伸及产品营销范围的延伸。

（1）产品信息传播的延伸体现在虚拟店铺24小时营业制上，且不受地域的限制，企业可以虚设售货员或网络导购回答客户提出的专业性问题，也可以根据日期、季节和销售群体进行及时调整。

（2）产品营销手段的延伸体现在产品在线交易对传统交易的延伸，买卖双方不再受地域限制。同时，各大银行的在线支付功能和电子中间商的及时沟通工具，为买卖双方进行产品信息沟通、讨价还价和售后服务提供了便利。

（3）产品营销范围的延伸体现在企业自建网络销售平台的同时，还可通过门户网络的搜索引擎、网络实名等方便消费者访问。

3.整合策略

网络渠道不仅是传统渠道的补充，也是传统渠道的延伸。营销渠道和传统渠道可相互整合，拓展营销空间，主要包括上上整合和上下整合。

（1）上上整合体现在企业内网、企业外联网和互联网线上整合。其中企业内网整合用于提高企业内部运营效率；企业外联网使得企业与供应商和客户关系更加紧密；互联网将这些进行汇总，形成强大的线上整合网络。

（2）上下整合体现在网上的营销渠道与网下的传统营销渠道进行整合，实现渠道功能的最大化效应，如将线上的客户带到线下，将线下的产品推到线上。

4.双渠道策略

双渠道策略就是企业同时使用网络直销渠道和网络分销渠道来提高销售业绩，众多网络营销领域中这种方式在起步较早的西方企业中应用较多。

例如，惠普公司网站能够直接提供购买咨询和支付服务，同时还积极利用网络分销渠道进行销售，该策略同时结合了网络直销和网络分销的优势，强化企业品牌形象的同时，以低成本实现销售额的增加。

5.3.4 促销策略

促销策略（Promotion Strategy）是指企业以利用各种信息传播手段刺激消费者购买欲望，促进产品销售的方式来实现其营销目标。其中包括对促销有关的广告、公共关系等可控因素的组合和运用。企业在虚拟的网络市场上从事营销活动时，需要通过一定的促销活动来刺激消费者的购买欲望，促进产品的销售，实现网络营销目标。

1.打折促销

打折促销是目前网上最常用的一种促销方式，需要所销售的产品必须有价格优势，或者是有比较好的进货渠道。

2.赠品促销

赠品促销目前在网上的应用不是太多，一般情况下，在新商品推出试用、商品更新、对抗竞争品牌、开辟新市场情况下，利用赠品促销可以达到比较好的促销效果。但需要注意赠品的选择。

（1）不要选择次品、劣质品作为赠品，否则只会起到适得其反的作用。

（2）明确促销目的，选择适当的能够吸引消费者的商品或服务。

（3）注意时间和时机，注意赠品的时间性，如冬季不能赠送只在夏季才能用的物品；另外在危机公关等情况下也可考虑不计成本的赠品活动以挽回危急。

（4）注意预算和市场需求，赠品要在能接受的预算内，不可过度赠送赠品而造成营销困境。

3.抽奖促销

抽奖促销是网上应用较广泛的促销形式之一，是大部分网站乐意采用的促销方式。它是以一人或数人获得超出参加活动成本的奖品为手段进行商品或服务的促销，网上抽奖活动主要附加于调查、商品销售、扩大用户群、庆典、推广某项活动等。消费者或访问者通过填写问卷、注册、购买商品或参加网上活动等方式获得抽奖机会。抽奖时要注意公开、公正、公平，奖品要对大家有吸引力，这样才会有更多的用户对促销活动感兴趣。

4.积分促销

积分促销在网络上的应用比传统营销方式要简单，操作更方便。网上积分活动很容易通过编程和数据库来实现，并且结果可信度很高。积分促销一般设置价值较高的奖品。消费者通过多次购买或多次参加某项活动来增加积分以获得奖品。

积分促销方法可以增加上网者访问网站和参加某项活动的次数，可以增加上网者对网站的忠诚度，可以提高活动的知名度。

5.联合促销

由不同商家联合进行的促销活动称为联合促销。联合促销的商品或服务可以优势互补、互相提升价值。

如果能够应用得当，联合促销可起到相当好的促销效果，如网络公司可以与传统商务联合，以提供在网络上无法实现的服务。

这些促销策略都是网上促销活动中比较常见又较重要的方式，其他销售策略，如节假日的促销、事件促销等都可和以上几种促销方式进行综合应用。但如果想使促销活动达到良好的效果，就必须事先进行市场分析、竞争对手分析，以及网络上活动实施的可行性分析，与整体营销计划结合，创意地组织实施促销活动，使促销活动新奇、富有销售力和影响力，从而使自己的销售迈向一个新的台阶。

5.4 网络广告

网络广告就是在网络上做的广告，是用网站上的广告横幅、文本链接、多媒体方法，在互联网刊登或发布广告，通过网络传递到互联网用户的一种高科技广告运作方式。

随着互联网尤其是电子商务的迅速发展，网络广告在企业营销中的地位和价值越显重要。

5.4.1 网络广告的特征

同传统的广告媒体相比，网络广告的特征主要体现以下 6 个方面。

1.网络广告的时空广泛开放

网络广告的传播不受时间、空间限制，只要具有网络，任何人在任何地点、任何时间都可以看到网络广告信息。

2.网络广告的实时性与持久性

网络媒体便于随时更改信息，广告主可以根据需要随时变更广告内容，及时将最新的产品信息传播给消费者。网络媒体还可以长久保存广告信息，等待消费者随时检索、查询。

3.网络广告的交互性

交互性是网络广告的最大优点。网络广告不同于传统媒体信息的单向传播，而是信息的双向互动传播。受众可以查询、获取有用的广告信息，而商家也可以及时获得受众的反馈信息。

4.网络广告的多媒体性

网络广告可以采用文字、图像、声音、影像等多种媒体形式，创造出丰富多彩的广告形式，更能为受众接受。

5.网络广告的信息容量大，发布站点多，发布成本低

通过网页的超链接，网络广告能容纳无限量的广告信息，能发布关于商品的详尽信息，这是传统媒体无法做到的。

6.网络广告效果的可监测性

利用先进的信息技术，可以精确地统计出每一条广告信息的曝光次数、点击次数，还可以了解受众接触广告的时间和地区分布，从而为广告主科学评估广告效果、制定广告策略提供依据。

5.4.2 网络广告的类型

网络广告采用先进的多媒体技术，拥有灵活多样的广告投放形式。

1.文字广告

文字广告就是用文字形式展现的广告。文字内容可以是企业的名称，也可以是产品或服务的相关信息，网络用户点击广告后将连接到广告的主页上。文字广告的安排位置灵活，它可以出现在页面的任何位置，也可以通过电子邮件的形式定期传送给客户，或者发布到搜索引擎结果上。文字广告包括文字链广告、分类广告、关键词广告等多种类型。

（1）文字链广告。文字链广告即只有文字的广告，也可称为标题广告。文字链广告一般放置在网站显眼的位置，其文字可以设计成各种静态或动态的形式，感兴趣的客户点击后就可以连接到详细的广告页面。

（2）分类广告。分类广告是充分利用计算机网络的优势，对大规模的生活实用信息，按主题进行科学分类并提供快速检索的一种广告形式。大多数门户网站都提供此类服务。

（3）关键词广告。关键词广告是指每则广告都会提供一些关键字，当你使用搜索引擎搜索到这些关键字的时候，相应的广告就会显示在某些相关网站的页面上。

2.图文广告

图文广告又称网幅广告，它以 GIF、JPG、Flash 等格式建立图像文件为展示形式，有动态、静态和交互式之分。图文广告形式多样，主要有以下几种。

（1）旗帜广告。旗帜广告也称Banner广告或横幅广告，是当前网络广告中最常见也最有效的广告形式。一般在网页的顶部或底部（横幅）或者纵向出现在网页左右两侧（直幅）的静态或动态广告。旗帜广告一般以图像的形式来表现广告的内容，并在图像中用极简练的文字表现广告的主题，如图5-4所示。

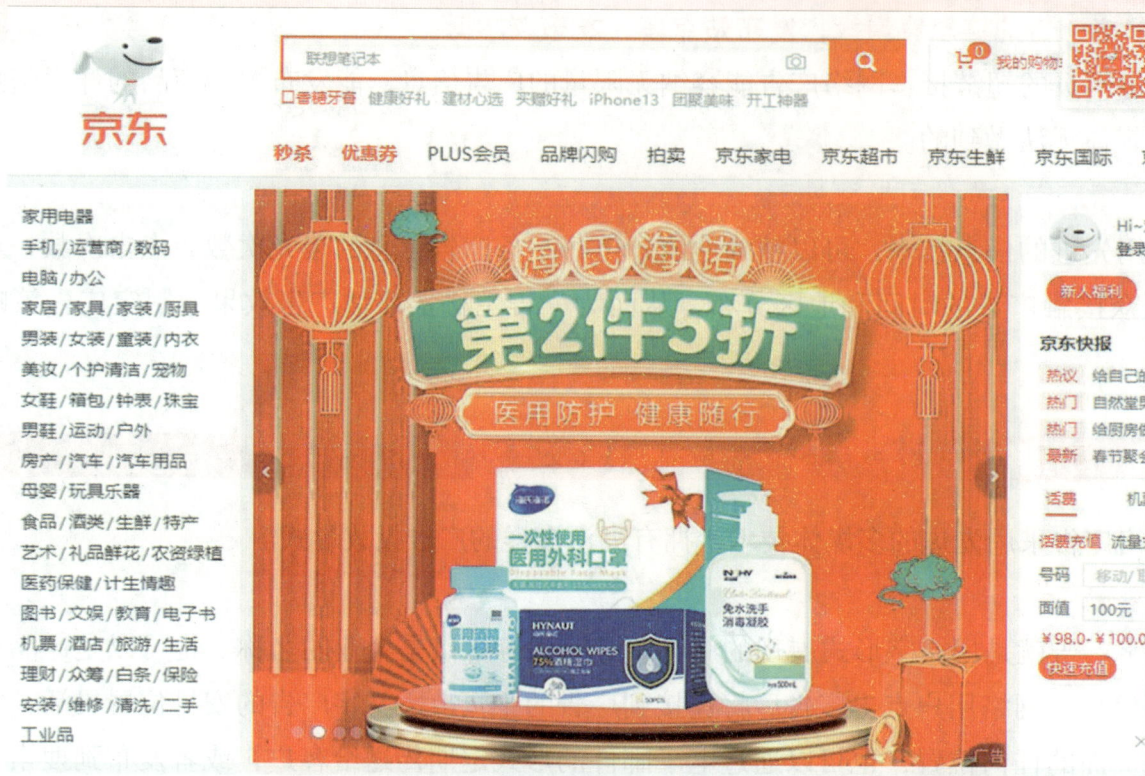

图5-4 旗帜广告

（2）图标广告。图标广告也称按钮广告或图形广告。通常由一个标志性图案组成，一般是商标牌号、产品名称、企业徽标或其他图形商标等，没有广告标语和正文。

（3）移动图片广告。移动图片广告也称悬停按钮广告，是指一种可以在屏幕上移动的小型图片广告。用户只要点击这些图片，该移动图片广告就会自动扩大展示广告页面。移动图片广告的设计出发点是避免旗帜广告、图标广告等比较呆板的缺点，更主动和有效地吸引浏览者的注意。

（4）弹出式广告。弹出式广告也称插页式广告、弹跳广告，随着网页页面的打开会自动弹出一个新窗口来展示网络广告内容。弹出式广告有两种表现形式：一种是当客户打开网页时马上弹出广告窗口，另一种是当客户离开网站时才弹出广告窗口。

3.动画与视频广告

（1）网络动画广告。网络动画广告是指以动画形式制作的网络广告。此类动画均带有浓厚的商业及宣传成分，而制作时间、播放时间等均比一般动画少。由于Flash软件在网页动画制作中的优越性，目前一般的网络动画广告即指Flash广告，如图5-5所示。

图 5-5　网络动画广告

（2）网络视频广告。网络视频广告是采用先进数码技术将传统的视频广告融入网络中，构建在线实景的网上视频展台，如图5-6所示。

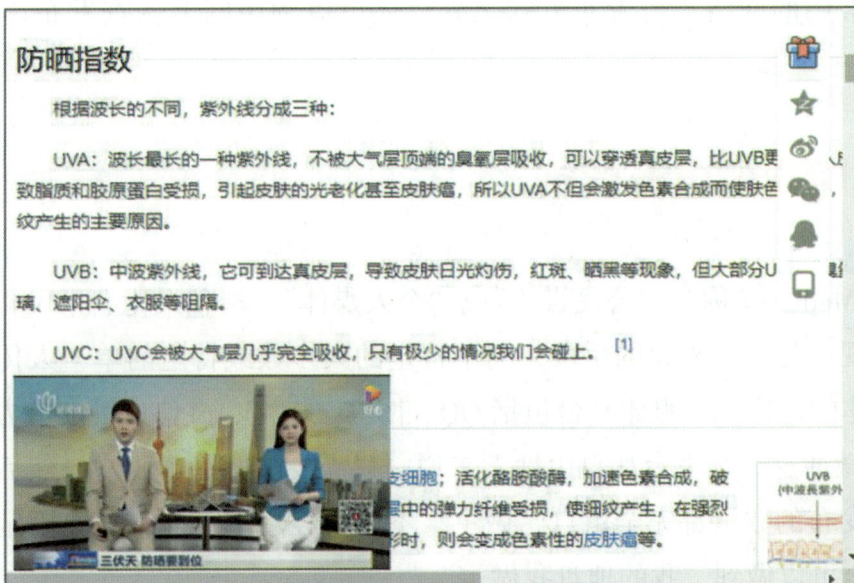

图 5-6　网络视频广告

5.4.3　网络广告的发布方式

网络广告的发布有多种方式，需要选择一种行之有效的广告发布方式，以取得最佳效益，首先需要对网络广告的多数发布方式及其特点有所了解。

1.建立自己的网站发布广告

建立自己的网站发布广告是行之有效的方法。其优点是成本低、自由度大、针对性强。缺点是企业自建网站需要有一定实力，而且自建网站发布广告对于新客户的影响较缓慢。

2.利用知名网站发布广告

利用知名网站发布广告是目前最流行、最有效的网络广告方式。当用户访问一些知名网站，特别是一些搜索引擎时，其主页上必有一些广告，这些广告通常被做成醒目的、生动的图形或文字。因为这些网站点击率非常高，广告主投放在这些网站上的广告可收到很好的效果。

3.广告交换

企业可以和其他的网站达成协议，互相在对方的网站上放置自己的广告，这样可以直接面向对方网站的客户进行广告信息的发送和传播。这种广告发布方式效果好、成本低。

4.网站链接

链接是网页具有的基本优势，通过链接可以进入相关的站点和页面。网站链接并不能直接为广告发布作出贡献，但它通过这种方式吸引更多的客户到企业的网站上来，从而提高企业网站广告发布的效果。

5.电子邮件广告

电子邮件广告是目前许多公司运用得较多的方式，通常广告主建立自己的客户邮件列表，定期向客户发送新产品的信息。

除以上几种常用的网络广告发布方式之外，还可以利用网上调查发布广告，也可以利用BBS等来发布广告。

5.5　自媒体时代的电商营销

自媒体（We Media）又称为"公民媒体"或"个人媒体"，指私人化、平民化、普泛化、自主化的传播者，以现代化、电子化的手段，向不特定的大多数或特定的单个人传递规范性及非规范性信息的新媒体的总称。自媒体平台包括QQ、博客、微博、微信、百度官方贴吧、论坛等。

QQ、微信、微博这3个平台从自由性上来说，只需要注册一个用户，然后发布什么内容、什么时间发布、发布的数量都完全由自己做主，不需要经过审查，不需要固定发布时间、不需要协商版面，完全可以做到"我的地盘我做主"。

电子商务企业可以运用自媒体的这些优势，再结合自己的品牌和产品，在QQ、微博、微信等社交平台上发布信息，营销产品，进行客户的管理和商业化运行，为自己创造财富。但是，对于很多电商企业来说，最终的结果如何还要看运营者如何把握和利用这个机会，能否打造出满足消费者需求的新颖内容。

5.5.1　自媒体时代网络用户的消费特点

21世纪是新的营销时代，自媒体平台的出现，为电子商务企业的营销带来了新的活力与生机。怎样才能在激烈的市场竞争中根据用户的特点制定企业的相关策略，电商营销需要根据时代的特性对网络用户的消费特点进行一个全面而客观的分析。

1.消费碎片化、移动化

移动互联网的出现，消费者最大的特点就是消费习惯越来越趋近移动化、接收信息的方式越来越碎片化，一部智能手机就能带领消费者领略互联网的便捷和轰炸似的信息传播方式，人们的消费也无时无刻不在体现着移动化。现在经常会看到这样的一幕：消费者在一家小型超市里购物，拿出手机在柜台旁边的支付二维码上扫一扫，然后就能完成支付了，人们出门已经不再需要带钱包，只要带上一部手机就能在任何地方进行消费。移动消费给人们的生活带来了很多的便利，已经渐渐成为人们的主流支付方式之一。

伴随着消费的碎片化、移动化，在同质化竞争严重的情况下，商家想要脱颖而出，就要让自己的产品更加富有创意，让消费者能够瞬间将自己的产品与其他品牌的产品区分开来，就要将产品垂直化细分，能够让消费者的每一项需求都被满足，以此来提高消费者的忠诚度，这是很多电子商务企业的必经之路。

2.消费需求呈现个性化

随着互联网的崛起，21 世纪消费者的个性化需求和消费特征发生了变化。传统的线下商城正在被线上商城取代，传统的线下折扣活动正在被线上强力度的促销活动所取代。只要有一部智能手机，随时随地都能进行交易，而且每个消费者的消费习惯都不尽相同。传统的线下消费行为已经不能满足所有消费者的个性化需求。

（1）更方便快捷。方便快捷是网络消费的一大趋势，只要有一台计算机或一部手机，人们就能随时随地购买到自己想要的产品，产品由相关工作人员送到楼上。例如，外卖行业之所以能够发展得这么好，也正是因为它符合了人们的消费需求。

（2）精准信息需求。相比传统的广告传播途径，网络平台为企业提供了更多的广告传播途径，也为人们带来了广泛的信息接收渠道，企业可以根据自己的目标消费者群体定位进行针对性的推荐，而消费者也可以接收到有针对性的产品推荐，不用在海量产品或资源中搜寻自己想要的信息了。

（3）更好的可选择性。网络为消费者提供了一个可以选择、比较商品的平台，消费者在计算机或手机上寻找商品时，有足够的时间思考自己想要什么样的产品，而且可以根据产品展示、其他消费者的评价或产品的销售情况、产品的口碑来比较同一类商品在性能、质量、价格、外观等特性上的差异。

（4）完善的评价体系。商品的质量好坏会影响消费者的购买体验，网络为各企业开通了评价体系，帮助消费者及时将产品体验和评价回馈给企业。通常来说，购后评价有两方面的作用：对企业来说，让企业及时了解消费对产品的性能、价格、质量等方面的评价，及时发现问题，及时提出解决方案；对消费者来说，为消费者提供了一个发泄、倾诉和分享的渠道，也为其他消费者购买该产品提供了可参考的依据。

3.消费入口呈现多元化

随着网络时代的到来，入口战争一炮打响，传统互联网时代的所有巨头几乎都成了入口占领者，具体如图5-7所示。

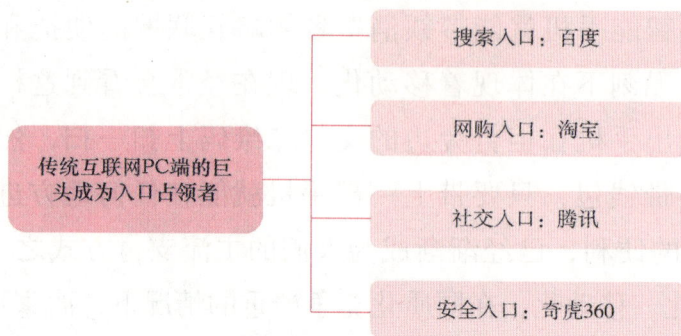

图5-7　入口占领者

除此之外，还有视频入口、支付入口、阅读入口、音乐入口等。

由此可以看出，网络上的入口越来越丰富、越来越多元化；同时，随着移动互联网的发展、各个入口体系的完善，每一个入口都渐渐开发出了其特有的消费模式。

（1）微信上的微信支付功能、与第三方合作的消费平台。

（2）酷狗音乐的会员中心入口，开通音乐包就能免费下载付费音乐。

（3）微博上的微博支付入口，在该入口上，用户可以实现众筹、购买电影票、吃喝玩乐、缴纳水电煤气费用等。

而除了这些入口都开发出了各自的消费模式外，在支付方式上，也变得更为多元化了，传统的支付方式十分单一，而现在移动端的支付方式变得更为丰富了，主要包括3种支付方式，如图5-8所示。

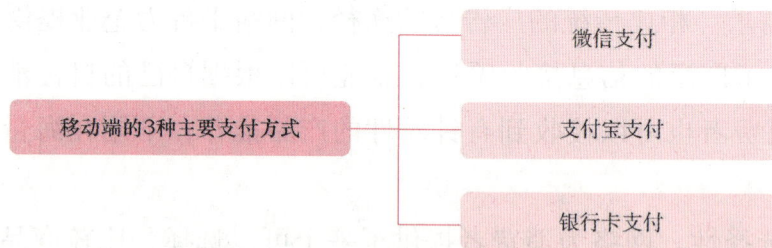

图5-8　移动端的3种主要支付方式

消费入口的多元化帮助消费者塑造了新的消费方式，在给人们带来便利的同时，也给商家带来了无限可能。

4.消费决策逐渐理性化

网络时代的消费者最大的一个特点就是消费更趋于理性化；同时，消费者的消费观念也发生了很大的变化，绿色消费、安全消费成为人们主流的价值观。总而言之，网络用户的主要消费特征是追求新潮、勇于尝试，同时又有一定的理智，不会被铺天盖地的广告迷了双眼。

因此，电子商务企业需要把握好消费者的心态，抓住消费者的需求，同时配合合适的营销策略，才能进行高效的品牌和产品的传播推广。

5.5.2　自媒体时代电商营销策略

自媒体是一项新兴事业，并且是建立在互联网基础上的一项新兴事业。而当今社会，互联网时代潮流的引领者是电子商务行业发展的风向标，几乎全部的企业都囊括在互联网之中，因此与互联网齐头并进的自媒体事业，同样必须要走在时代潮流和时代信息的尖端，这就需要企业经营者有一定的营销能力。

1.口碑营销

在互联网时代，口碑营销主要是指网民或潜在消费者通过网络工具将企业的产品信息或品牌信息口口相传的一种营销方式，通过口碑营销打造口碑，已经成为众多电商企业实现目标的重要手段。

在互联网营销中，传播内容的优劣可以直接影响口碑营销传播的效果。现在，网络用户对纯广告式的营销方式已经有了极高的免疫能力，企业想要达到良好的营销效果，就必须制造新颖的口碑传播内容。

1）口碑营销的原则

口碑营销主要源于传播者与被传播者之间的信任关系。在当今的自媒体时代，人们最常用的移动应用工具就是微信、微博、QQ等，他们通过这些移动应用工具将信息发布出去，而由于这些移动工具本身具有的群体聚集性，传播出去的信息通常是在朋友、亲戚、同事、同学等群体之间进行传递的，因此口碑营销应注意以下5个原则，即"5T原则"。

（1）谈论者（Talkers）。谈论者是"5T原则"的起点，也就是谁会主动谈论你？是产品的粉丝、用户、媒体、员工、供应商、经销商。这一环节涉及的是人的问题，角色设置。目前的口碑营销往往都是以产品使用者的角色来发起的，以产品试用为代表。

（2）话题（Topics）。话题就是人们自发开启口碑传播的源头。其实，口碑营销就是制造一些出人意料又合乎情理的话题让人们进行讨论，在这个过程中，实现品牌形象和品牌理念传递、品牌认知度提高的目的。

（3）工具（Tools）。工具就是帮助企业将话题更快速地传播，目前常用的工具主要有微博、微信、QQ、论坛、贴吧、病毒式邮件等。能否运用好这些工具是互联网营销最具技术含量的一个环节，不仅需要对不同渠道的传播特点有全面的把握，而且广告投放的经验对工具的选择和效果的评估也起到很大的影响。

（4）参与（Taking part）。参与就是企业要积极主动地参与到热点话题的讨论中，与网民有一个良好的互动，这样才能实现品牌或产品口碑传播的目的。其实网络中从来不缺少话题，关键在于如何寻找到与产品价值、企业理念相契合的接触点，然后再利用接触点实行口碑传播。

（5）跟踪（Tracking）。跟踪就是发起话题、形成口碑传播之后，企业还需要通过一个检测环节来将消费者的反馈和评论进行收集，从而制定下一步策略。

2）如何打造口碑营销的内容

企业想要在激烈的市场竞争中最大限度地发挥口碑营销的价值，就要学会如何打造口碑营销的内容。

（1）抓住"痛点"。电商企业想要吸引消费者的注意，就需要抓住消费者的"痛点"。"痛点"是指消费者在生活中碰到的各种难题，亟须被解决的问题。在口碑营销中，企业能够将消费者的"痛点"通过一句广告词表达出来，然后给予相应的解决方法，那么这样的广告词必定会引起消费者的注意，并形成口碑效应。

例如，王老吉的"怕上火，喝王老吉"，堪称经典，以"怕上火"来点出正在困扰消费者的问题，再以"喝王老吉"来解决消费者的困扰。这一思路瞬间形成口碑效应，让王老吉品牌一夜间打响。

由此可见，发现并抓住消费者的"痛点"是一个很好的口碑营销方式，企业可以以这个"痛点"为核心，找到解决"痛点"的方法，并且将方法和企业产品联系在一起。寻找消费者"痛点"是一个长期观察、挖掘的过程，一般来说，企业需要从以下两点寻找关于消费者的"痛点"：一是企业需要对自己的产品和服务有充分的了解；二是企业需要对消费者的消费心理有充分的解读。

（2）制造"爆点"。电商企业要想做好口碑营销，首先要制造一个吸引眼球的"爆点"，这样才能让更多的网民去关注、讨论、评论。这个"爆点"要让网民对其感兴趣，并且自愿地把这个事情告诉身边的朋友，分享到自媒体上，这样才有可能引发口碑传播，为企业做免费宣传，达到营销的最终目的。

"爆点"往往都是以网民需求为着眼点策划的。电商企业要从网民关注的事、网民的心理、最想看什么、最想了解什么出发，来制造"爆点"，吸引他们的注意力。

大家对海底捞并不陌生，去过海底捞的人，应该都享受过打包送个西瓜的服务。然而，从这点就可以发现，海底捞的核心就是口碑，这个服务非常贴合人群的心理——在外吃剩下的东西，不打包觉得浪费，可有时候打包又觉得很麻烦或不好意思，然而在海底捞送西瓜鼓励消费者打包的行动，可以让消费者打消心中的纠结，从而开始为海底捞做宣传，传播海底捞服务的贴心。

（3）制造话题。在互联网营销中只有爆点是不够的，口碑营销的核心在于通过话题让用户之间形成相互交流的模式，同时将企业品牌和产品宣传出去。如今发表话题的地方有很多，如微博的"热门话题"、微信朋友圈、QQ个性签名等，只要话题新颖并与时代接轨，就很容易引起网民们的热议。

（4）及时监控。电商企业在运行网络口碑营销的过程中，要善于监控，以此判断口碑营销的效果。而监控的重点就是数据，数据是最能反映口碑效果的。不同的传播渠道，就有不同的监控数据，如果是通过微博操作，那么监控的数据主要就是转发量、评论次数、点赞次数等。

除了数据监控外，还要预防负面口碑效应的产生。这个世界上每个人的看法是不同的，意见也是不同的，如果发生了一些负面影响，那么企业就要及时想办法，尽量不让负面口碑扩大。

2.视觉营销

视觉营销是为达成营销的目的而存在的，是将展示技术和视觉呈现技术与对商品营销的彻底认识相结合，品牌（或商家）通过其标志、色彩、图片、广告、橱窗、陈列等一系列的视觉展现，向消费者传达产品信息、服务理念和品牌文化，达到促进商品销售、树立品牌形象的目的。

电子商务视觉营销，顾名思义就是电子商务＋视觉营销的结合体，是电子商务企业通过个性、漂亮或纯净的版面让消费者受到冲击或感到舒服，将吸引人的图片与充满噱头的文案相结合，告知消费者相关的营销信息。

下面为大家介绍电商视觉营销的几点技巧。

（1）卖点营销文案。卖点营销文案，就是利用产品卖点来吸引消费者，消费者看到具有卖点的图片后，就能找到购买这个产品的理由。

卖点营销文案一定要语句简练，做到用少量的文案，直冲消费者的心房，让他们无法抗拒购买欲望。对于电商企业的卖点视觉营销文案来说，一次性不要放置太多的卖点，最好是放置一个最吸引人、最核心的卖点，这样才不会显得杂乱，还能具有一定的说服力。

（2）"痛点"营销文案。抓住"痛点"进行视觉营销，电商必须让自己站在消费者的角度想问题，罗列出消费者会面临的问题。从这些问题入手，将问题的解决方法融入文案中，即可写出一个比较好的"痛点"营销文案。

（3）主图差异化。在电商视觉营销中，千万不要把自己的产品主图做成千张不变的样子，那样只会让消费者产生视觉疲劳，没有想深入了解产品并点击的兴趣，所以，为了迅速抓住消费者的眼球，应做到产品图片的差异化，以此来提高点击率。

差异化对于同种类型的商品来说，基本上可以从以下几点出发。

①不同的产品展示背景。

②不同的拍摄角度。

③不同的模特展示状态。

④不同摆放位置。

⑤不同的产品特点。

（4）善用对比图。对比图，顾名思义就是物体与物体进行对比，电子商务产品中的对比图是指利用一个可以体现产品特色的物体进行对比。例如，想要体现大枣的个头比较大，就选择大家熟悉的鸡蛋对比。

（5）善用背景图。电子商务的主图优化中，背景图会占很重要的一部分。所谓的特殊背景图，就是指加一些比较有意境的，看上去高档的背景图片，主要目的是运用背景图来突出某种意境。

（6）奇思妙想图。奇思妙想就是挖掘到产品的戏剧性特点，然后将其发挥到极致。但是需要注意的是，尽管是奇思妙想，但不能脱离产品主题，最好是针对消费者心理进行脑洞大开的想象并进行文案的创作。

（7）善用情景图。创意情景图是指利用发散性思维，想出有创意的情境，将产品带入情景中，并且还要突显出产品的某一特点。如果创意情景能切和产品特点，那么一定能引起广大消费者的注意，并且还有可能使消费者在与朋友交谈时提及产品创意，那样就相当于又做了一次免费推广。

（8）选好风格。电子商务图片在制作文案和主题之前，就应该选定好一个风格，以风格为基础，进行文案的制作及图片主题的选定，所以说，风格的选定是极其重要的。

在图片中，风格的作用能引起消费者的共鸣，营造气氛，将消费者带入到氛围中，使其身临其境，体会文案所说的内容，产生某种程度上的共鸣，甚至引起消费者的购买欲望。

3.体验营销

相对于传统商业模式来说，现如今的电子商务最大的一个特点就是通过O2O模式来建立客户的体验服务模式，即通过线下实体门店带给用户更多的体验感受，来实现更为密切的交流活动。

体验营销正在成为电商营销的重要趋势，很多拥有线下门店的传统企业已经意识到体验优势带来的好处。例如，苏宁云店被称为"可以玩上一天的生活驿站"，将体验做到了极致。

苏宁云店采用情景布局的模式，将所有商品都布置在某个情境中，凡是能够进入到用户眼中的物品都是商品，用户只要通过手机进行扫码就能够购买想要的商品。

移动互联网的发展只是为电商提供了一种新的传播工具，但体验永远是一个固定的主题、一个好的体验营销能够为企业带来意想不到的收获。因此，线下的体验营销是企业在任何时代都应努力把握的一个方向。

5.5.3　自媒体营销工具的使用技巧

随着自媒体时代的到来，自媒体工具越来越普及，作为电子商务企业的经营者，应掌握一些常用自媒体营销工具的使用技巧。

1.论坛

论坛是目前网络中非常热门的交流平台之一，绝大多数网络用户都会经常逛一些自己感兴趣的论坛。作为电子商务企业的经营者，可以在不同的论坛中发布一些宣传店铺的帖子，或者是利用论坛签名及免费推广位来营销自己的产品。在使用论坛营销时，应掌握以下几点技巧。

（1）选择符合产品的论坛。在实施论坛营销时，一定要根据企业产品的特性，选择合适的论坛，最好是能够直击目标客户的论坛。也可以选择一些人气较高的论坛，论坛人气越高，能够看到营销信息的人数也就越多，宣传效果也就越明显。

（2）写精华帖。巧妙设计帖子内容。作为传递产品信息的载体，信息传达的成功与否主要取决于帖子的标题、主帖与跟帖3个部分，如果一个帖子能够吸引网民点击，又巧妙地传递了产品的信息，同时让网民感受不到它是广告帖，那么这个帖子就可以说是相当成功的。

①质量直接决定了回复，因此在写帖子内容时，可以把标题中有争议的场景展开，传达产品对用户的重要性或相关性，再回复设置悬念，产品信息传达也可写在回复中，因此建议主帖只要把产品的信息叙述清楚就可以，不需要加入太多的产品信息，避免引起网民反感。

②思维，声东击西，为产品信息做掩护，将网友可能产生的负面情绪降到最低。

③帖子发出后，如果不去后期跟踪维护，那么很快就会沉下去，尤其是人气比较旺的论坛，沉帖就不能起到营销的作用了，帖子的后期维护是很重要的。

④及时地顶帖，可以使帖子始终处于第一屏，会被目标用户所浏览。维护帖子不要一味地夸奖，把握好尺度从反面去辩驳，挑起争论，可以把帖子"炒热"从而引起更多网友的注意。

（3）在论坛签名中营销。论坛签名是一个比较好的营销平台，营销的效果与签名的吸引力密切相关。打造一个个性化的签名，在论坛签名中插进产品和服务的介绍，并且在论坛中留下签名链接，这样可以让有意者看到商家的产品和服务，并主动与商家联系。

（4）个人图像和免费推广位的巧用。在论坛注册后，制作一张尺寸大小适中的广告图片作为个人图像，加大公司的曝光率。与此同时，也方便看帖的朋友了解信息，达到一个广告宣传的效果。有些论坛的主题会有一个免费的广告位，可以利用这个广告位刊登产品、服务信息，充分达到推广营销的效果。

2.QQ空间

绝大多数的网络用户，都会用到QQ，它是目前最流行的自媒体软件之一。QQ庞大的用户数量让QQ空间营销成了各大企业非常重视的一种营销手段。QQ空间在用户黏度等方面具有明显的优势。

（1）互相信任：交易双方都是熟人关系，所以用户对商家的信任感很足。

（2）互相关注：一条说说会引起好友的关注和转发。

（3）高频互动：空间中互动的途径有很多，如留言、评论回复等。

（4）针对性强：权限设置让商家可以针对不同的人群、发布不同的消息。

QQ空间有空间日志和空间照片两种营销途径。

空间日志营销：QQ空间中心情类的日志很容易走进人的内心，直击人的真实情感，同时也很容易取得潜在客户的信任，因此商家要遵循营销规则，并花费心血创作，用优秀的文章来吸引和打动消费者。

空间照片营销：通过在空间发布产品图片来吸引用户也是很好的选择，但不要一下发布太多的图片，也不要动不动就刷屏，这样会引起用户的反感，可以每天发布一条产品图片信息。

运用QQ空间营销，需要掌握一定的营销技巧。

（1）注重发布时间和内容。利用 QQ空间营销，要找准发布时间，千万不要整天各个时间段胡乱发布，一个普通人浏览朋友圈的时间段一般为早上8时左右，中午12时左右，以及晚上6时以后。而且发布的内容要经过多次的检查和修改，确保内容具备一定的价值，不论是娱乐价值还是行业价值，只要有价值就可以。

（2）重复发布。有些商家每次都是写完日志软文发布上去就算完事了，但其实对于比较有价值、比较优秀的文章，商家可以重复发送一次，这样既能增加文章的曝光率，吸引更多的人关注，也能为商家提供更多的交易机会。

（3）多评论。在QQ空间发布产品信息的商家，要学会自己给自己评论，这就与论坛发帖顶帖是一样的。在QQ空间中，也需要用其他的QQ号来给自己评论或让亲朋好友帮忙给自己评论。评论的内容最好深刻一些，可以从正面进行评论，也可以从反面评论，制造出一种矛盾的现象，以引起其他用户的兴趣。

3.微信朋友圈

微信是自媒体时代用得最多的即时通信工具之一，微信朋友圈相当于一个自己和好友互动的圈子，那么企业或个人就可以利用微信朋友圈为产品做一些宣传推广。

利用微信朋友圈进行营销的方法有很多，下面重点介绍几种。

（1）用价格优势打动用户。价格一直是影响用户消费的重要因素，在微信朋友圈中也是如此。在营销过程中对于用户来说，价格的高低影响着他们购买的决心。商家可以抓住这一点来一场价格战，通过优惠的手段来吸引用户的眼球，如图5-9所示。

（2）一句话+活动照片。在微信朋友圈中，如果商家有活动，可以用"一句话+活动照片"的形式发布推广信息，如图5-10所示。

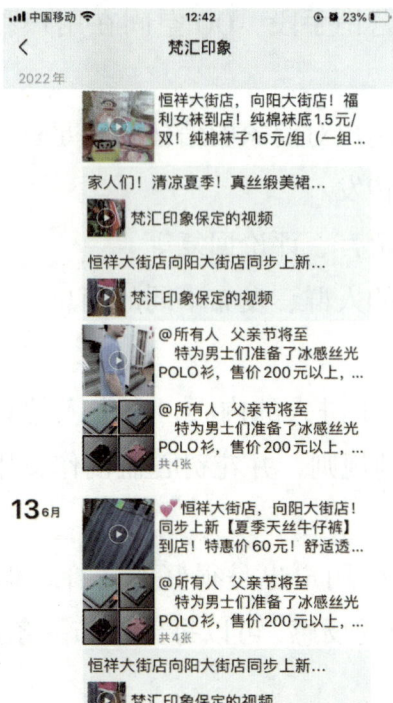

图 5-9　优惠手段　　　　　　图 5-10　一句话＋活动照片

因为微信朋友圈主要是通过手机查看消息的，因此阅读界面的大小受到限制，所以用一句简短的话反而能够瞬间抓住用户的目光。将详细介绍放入图片中，用一句比较有煽动性的话语吸引受众去点击图片。

（3）发布科普知识软文。商家可以在朋友圈中发布科普性质的软文，通常这样的软文都带有"科普""知识""教程"之类的文字，从而显得十分专业，如图5-11所示。

在科普类的软文中，每个商家传递的知识都和自己的产品相关，经常在微信朋友圈发布科普类软文的主要目的是向用户表达一种专业的素养，让用户更加信任自己的产品和品牌。

（4）展示团队风采、品牌文化。对于商家来说，朋友圈营销的内容必须有血有肉，可以通过介绍自己的品牌文化或显示自己团队的风采来增加用户对企业的了解程度，包括企业的发展历史、品牌理念、企业内部的一些好玩有趣的事、产品背后的故事等。充分展现企业的品牌文化，能够在营销过程中起到非常重要的作用。

（a）标题；（b）正文

图5-11 科普知识软文

①让粉丝更加了解品牌。

②拉近粉丝与企业的关系。

③起到品牌宣传作用。

④提升用户对品牌的信任。

⑤最终实现营销引流。

4.微博

微博营销是自媒体时代新兴起的一种营销模式，通过一对多的互动交流方式，以及快速、广泛传播的特性，为商家和企业打造良好的推广平台。商家在进行微博营销时应注意以下营销技巧。

微博设置
置顶步骤

（1）与用户进行互动。微博营销具有扩散成本低、转载性强、分享范围广等特点，其最大的商业价值就是企业能够在微博平台上通过各种促销活动，如打折优惠、抽奖或免费派送等，与用户进行互动。

如果商家想要在用户心目中树立一个鲜明的形象，加深用户对产品的信任，就必须时常与用户进行互动，通过互动来加深用户对产品或品牌的认知度，通过用户的反馈来了解用户对产品的看法和需求。

（2）利用"置顶"功能。微博上的有些功能是微信、QQ上没有的，如"置顶"功能，商家可以通过该功能将某一条微博置顶，这样，所有用户都能在进入微博后第一时间看到置顶的内容。

（3）热点营销。热点营销在很多网络营销工具中都起到了广泛的作用，在微博中，商家也可以借助于新闻事件、名人言论等备受关注的热点事件进行软文营销，具体策略如图5-12所示。

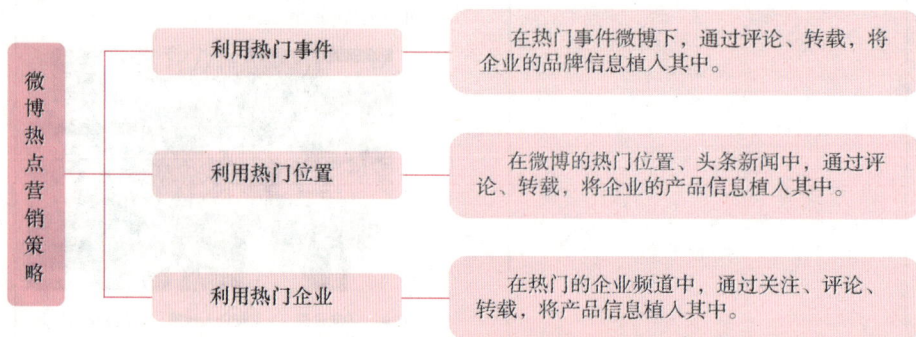

图5-12 微博热点营销策略

5.百度

百度是全球最大的中文搜索引擎，接触过互联网的人都知道百度。如果商家的商品能够在百度中搜索到，那商品的浏览量就会有很大的提升，因此，商家可以在百度中使用多种方式推广自己的企业或产品。

（1）百度贴吧是目前百度品牌中活跃度最高的地方，相对流量也是很大的，商家需要好好利用这里的资源，图5-13所示为百度贴吧。

图 5-13　百度贴吧

（2）百度百科作为权威参考资料，一般来说是与互联网广告绝缘的。但如今推广手段无孔不入，要想创建百度百科可以与"戈壁网络传媒"合作，针对公司百科词条、网站百科词条、产品百科词条、人物百科词条进行创建、编辑、优化，这些都有成功案例。

（3）百度经验是最容易贴上企业网址做广告的地方。方法很简单，只需按照要求分享经验就可以了；根据自己的实际情况，也可以在网上寻找经验分享文章再加上自己的评论语，上传成功即可。

（4）利用百度知道进行企业产品推广，则属于一种很主动的营销方式，商家需要用比较多的时间在知道中查看相关求购信息，这里需要注意的就是搜索技巧，内容必须是所出售的商品。

例如，商家卖服装，应在"知道"中搜索"河北保定最大的服装批发市场在哪里"，然后在搜索列表中单击链接查看相关内容，并单击"我有更好的答案"按钮，在下方的回答中，输入产品信息，然后单击"提交答案"按钮，如图 5-14 所示。这样当对方登录百度以后，就能得到他所需要的信息，从而有可能购买商品。

图 5-14　百度知道

5.6 巩固练习

一、选择题

1. 网络营销的主要内容包括（　　　）。

A. 网上市场调查　　　　　　　　B. 网络消费行为分析

C. 网上支付　　　　　　　　　　D. 网络营销策略制订

2. 网络消费者的购物类型可分为（　　　）。

A. 专门计划购物　　　　　　　　B. 一般计划购物

C. 提醒购物　　　　　　　　　　D. 完全无计划购物

3. （　　　）是指企业以向目标市场提供各种适合消费需求的有形和无形产品的方式来实现其营销目标。

A. 定价策略　　　　　　　　　　B. 产品策略

C. 分销策略　　　　　　　　　　D. 促销策略

4. 顾客在购买产品前对所购产品的质量、使用方便程度、特点等方面的期望值，就是（　　　）。

A. 核心利益产品层次　　　　　　B. 有形产品层次

C. 期望产品层次　　　　　　　　D. 延伸产品层次

5. （　　　）是指企业以利用各种信息传播手段刺激消费者购买欲望，促进产品销售的方式来实现其营销目标。

A. 定价策略　　　　　　　　　　B. 产品策略

C. 分销策略　　　　　　　　　　D. 促销策略

6. 网上促销活动中比较常见有（　　　）。

A. 打折促销　　　　　　　　　　B. 赠品促销

C. 联合促销　　　　　　　　　　D. 积分促销　　　　　　E. 抽奖促销

7. 以下属于视频即时通信工具的是（　　　）。

A. QQ　　　　　　　　　　　　B. MSN

C. 微信　　　　　　　　　　　　D. 短信

8. （　　　）是指发起人发出产品最初信息到用户，再依靠用户自发的口碑宣传，是网络营销中的一种常见而又非常有效的方法。

A. 即时通信营销　　　　　　　　B. 病毒式营销

C. 社区营销　　　　　　　　　　D. 博客营销

9. （　　　）是通过与用户之间提问与解答的方式来提升用户黏性的。

A. 知识型营销　　　　　　　　　B. 事件营销

　　C. 即时通信营销　　　　　　　　　D. 博客营销

10. 赠品促销在选择赠品时应注意（　　　）。

　　A. 应选择质量较次的产品

　　B. 明确促销目的，选择适当的能够吸引消费者的商品或服务

　　C. 注意时间和时机，注意赠品的时间性，如冬季不能赠送只在夏季才能用的物品

　　D. 在危机公关等情况下也可考虑不计成本的赠品活动以挽回公关危机

二、判断题

1. 网络营销是数字经济时代的一种崭新的营销理念和营销模式，是提升企业核心竞争能力的一把金钥匙。（　　　）

2. 网络营销是指借助联机网络、计算机通信和数字交换式媒体的优势来实现企业营销目的的活动。（　　　）

3. 网络营销是完全独立于传统营销活动的，它是建立在新型的计算机和网络技术上的营销活动。（　　　）

4. 提醒购物是指企业的促销活动影响了顾客的需求。（　　　）

5. 在网络营销中，对于物质产品来说，延伸产品层次要注意提供满意的售后服务、送货、质量保证等。（　　　）

6. 定制定价策略的核心是商品质量，根据消费者的需求进行针对性的定价。（　　　）

7. 网络营销是借助所有被目标用户认可的网络应用服务平台开展的引导用户关注的行为或活动，目的是促进产品在线销售及扩大品牌影响力。（　　　）

8. 病毒式营销是以订阅的方式将行业及产品信息通过电子邮件方式提供给所需要的用户，再依靠用户自发的口碑宣传。（　　　）

9. 即时通信是一个终端服务，允许两人或多人使用网络即时传递文字信息、档案、语音与视频交流，分为手机即时通信和网站即时通信。（　　　）

10. 论坛（BBS）、聊天室（Chat Room）、讨论组（Discussion Group）是即时通信营销的主要形式。（　　　）

三、简答题

1. 网络营销有哪些特点?

2. 网络定价策略有哪些?

3. 网络营销工具有哪些?

4. 什么是自媒体?

5. 自媒体时代网络用户的消费特点有哪些?

答案

单元 6
电子商务物流

物流是电子商务的重要内容，与传统商务活动相同，电子商务这种电子化的商务形式在交易过程中也包含着信息流、商流、资金流和物流。这"四流"相互协调整合，有效地确保交易的实现。物流作为商务过程中的重要环节，担负着原材料提供商与产品生产商之间，商家与客户之间的实物配送服务，高效的物流体系是使电子商务优势得以充分发挥的保证。

6.1　电子商务物流案例

【案例】电子商务与物流

电子商务作为一种新的数字化商务方式，代表未来的贸易、消费和服务方式，因此，要完善整体商务环境，就需要打破原有工业的传统体系，发展建立以商品代理和配送为主要特征，物流、商流、信息流有机结合的社会化物流配送体系。电子商务物流的概念是伴随电子商务技术和社会需求的发展而出现的，它是电子商务真正的经济价值实现不可或缺的重要组成部分。也有人理解为是物流企业的电子商务化。其实，可以从更广义的角度去理解这一个概念，既可以理解为"电子商务时代的物流"，即电子商务对物流管理提出的新要求，也可以理解为"物流管理电子化"，即利用电子商务技术（主要是计算机技术和信息技术）对传统物流管理的改造。因此，有人称其为虚拟物流（Virtual Logistics），即以计算机网络技术进行物流运作与管理，实现企业间物流资源共享和优化配置的物流方式，如图6-1所示。

图6-1　电商物流平台

🔔 思考：进入百度网站，输入"电子商务物流"，结合搜索的结果和本案例思考以下问题。

　　1. 什么是电子商务物流，它有哪些特征？

　　2. 电子商务物流的发展趋势是什么？

6.2　电子商务物流内涵

物流是物品从供应地向接收地的实体流动过程。根据实际需要，将运输、储存、装卸、搬运、包装、流通加工、配送、信息处理等基本功能实施的有机结合。电子商务物流主要是研究物流在电子商务和现代化科学技术条件下的运作和管理。

6.2.1　电子商务物流的含义

电子商务物流是在电子商务条件下，依靠计算机技术、互联网技术、电子商务技术及信息技术等进行的物流活动。

电子商务物流的目标是在电子商务环境下，通过现代科学技术的运用，实现物流的高效化和低成本化，促进物流产业的升级以及电子商务和国民经济的发展。电子商务物流的本质是实现物流的信息化和现代化。电子商务物流流程如图6-2所示。

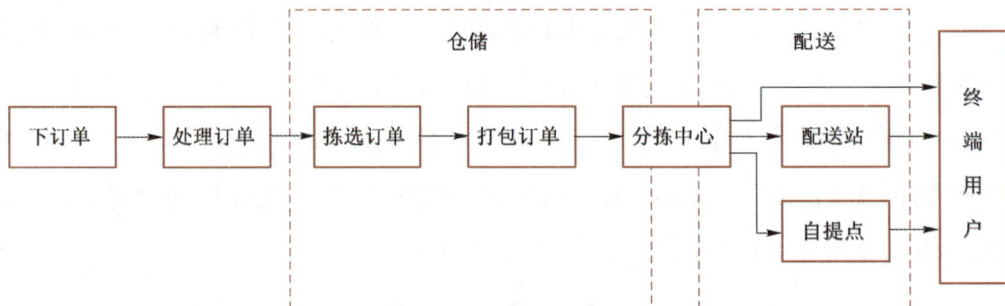

图6-2　电子商务物流流程

6.2.2　电子商务物流的特征

电子商务时代的来临，给全球物流带来了新的发展，使物流具备了一系列新特征。

1.物流信息化

电子商务时代，物流信息化是电子商务的必然要求。物流信息化表现为物流信息的商品化、物流信息收集的数据库化和代码化、物流信息处理的电子化和计算机化、物流信息传递的标准化和实时化、物流信息存储的数字化等。信息化是一切的基础，没有物流的信息化，任何先进的技术设备都不可能应用于物流领域，信息技术及计算机技术在物流中的应用将会彻底改变世界物流的面貌。

2.物流自动化

自动化的基础是信息化，自动化的核心是机电一体化，自动化的外在表现是无人化，自动化的效果是省力化，另外还可以扩大物流作业能力、提高劳动生产率、减少物流作业的差错等。物流自动化的设施非常多，如条码/语音/射频自动识别系统、自动分拣系统、货物自动跟踪系统等。

3.物流网络化

物流网络化的基础也是信息化，这里指的网络化有两层含义：一是物流配送系统的计算机通信网络，包括物流配送中心与供应商或制造商及与下游客户的联系要通过计算机网络，如物流配送中心向供应商提出订单这个过程，就可以使用计算机通信方式，借助于增值网络（Value Added Network，VAN）上的电子订货系统（Electronic Ordering System，EOS）和电子数据交换技术（Electronic Data Interchange，EDI）来自动实现，物流配送中心通过计算机网络收集下游客户的订货的过程也可以自动完成；二是组织的网络化，即所谓的企业内部网（Intranet）。

物流的网络化是物流信息化的必然，是电子商务环境下物流活动的主要特征之一。当今世界Internet等全球网络资源的可用性及网络技术的普及为物流的网络化提供了良好的外部环境。

4.物流智能化

物流智能化是物流自动化、信息化的一种高层次应用，物流作业过程中大量的运筹和决策，如库存水平的确定、运输路径的选择、自动导向车的运行轨迹和作业控制等问题都需要借助于大量的专业知识才能解决。在物流自动化的进程中，物流智能化是必然趋势。

5.物流柔性化

柔性化是为实现"以顾客为中心"理念而在生产领域提出的，柔性化的物流是适应生产、流通与消费的需求而发展起来的一种新型物流模式。这就要求物流配送中心要根据消费需求"多品种、小批量、多批次、短周期"的特色，灵活组织和实施物流作业。

6.2.3 电子商务物流的发展趋势

在电子商务时代，信息化、全球化、多功能化和一流的服务水平，已成为物流企业追求的目标，电子商务物流呈现出新的发展趋势，如图6-3所示。

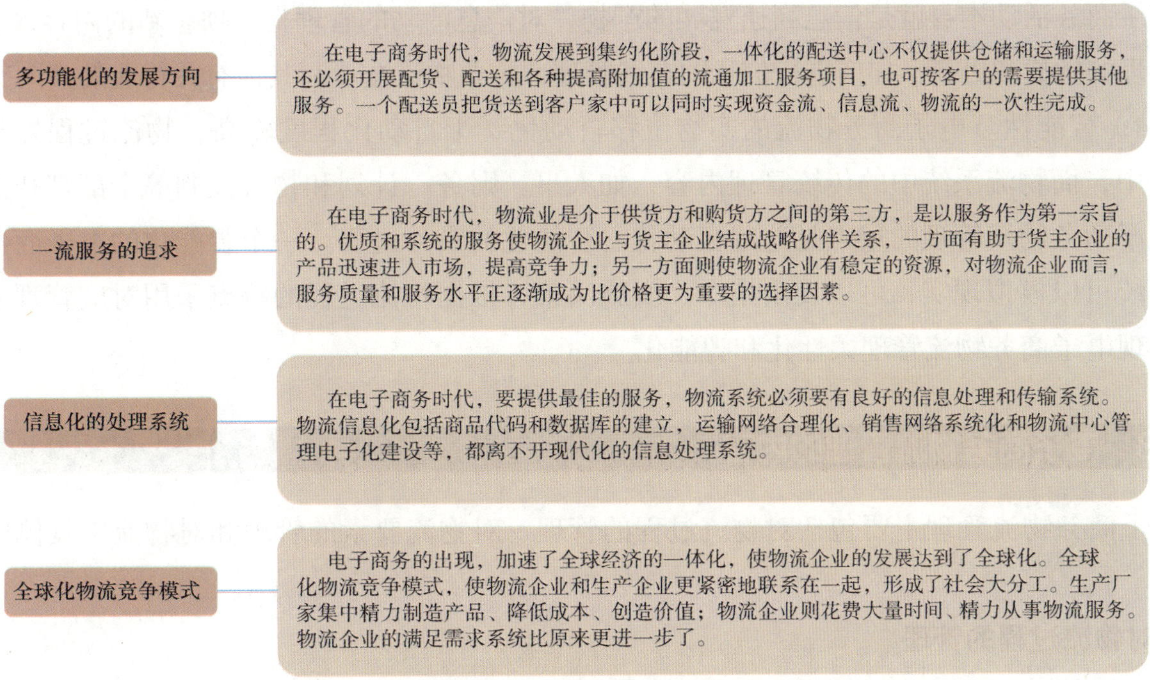

多功能化的发展方向 在电子商务时代，物流发展到集约化阶段，一体化的配送中心不仅提供仓储和运输服务，还必须开展配货、配送和各种提高附加值的流通加工服务项目，也可按客户的需要提供其他服务。一个配送员把货送到客户家中可以同时实现资金流、信息流、物流的一次性完成。

一流服务的追求 在电子商务时代，物流业是介于供货方和购货方之间的第三方，是以服务作为第一宗旨的。优质和系统的服务使物流企业与货主企业结成战略伙伴关系，一方面有助于货主企业的产品迅速进入市场，提高竞争力；另一方面则使物流企业有稳定的资源，对物流企业而言，服务质量和服务水平正逐渐成为比价格更为重要的选择因素。

信息化的处理系统 在电子商务时代，要提供最佳的服务，物流系统必须要有良好的信息处理和传输系统。物流信息化包括商品代码和数据库的建立、运输网络合理化、销售网络系统化和物流中心管理电子化建设等，都离不开现代化的信息处理系统。

全球化物流竞争模式 电子商务的出现，加速了全球经济的一体化，使物流企业的发展达到了全球化。全球化物流竞争模式，使物流企业和生产企业更紧密地联系在一起，形成了社会大分工。生产厂家集中精力制造产品、降低成本、创造价值；物流企业则花费大量时间、精力从事物流服务。物流企业的满足需求系统比原来更进一步了。

图6-3 电子商务物流的发展趋势

6.3　电子商务物流管理

电子商务物流是物流与电子商务相结合的产物，电子商务与传统物流既相互制约又相互促进。从不同方面进行分析，电子商务物流的管理与组织也与传统的物流活动存在着差异，它具有自身的特点及内容。

6.3.1　电子商务物流管理的含义

电子商务物流管理是指在社会再生产过程中，根据物质资料实体流动的规律，应用管理的基本原理和科学方法，对电子商务物流活动所进行的计划、组织、指挥、协调、控制和决策。

电子商务物流管理的目的就是使各项物流活动实现最佳的协调与配合，降低物流成本，提高物流效率和经济效益。电子商务物流管理就是研究并应用电子商务物流活动规律对物流全过程、各环节、各方面的管理。

6.3.2　电子商务物流管理的特点

电子商务物流管理具有以下几个方面的特点。

（1）目的性。主要是降低物流成本、提高物流效率、有效地提高客户服务水平。

（2）综合性。从其覆盖的领域看，电子商务物流涉及商务、物流、信息和技术等领域的管理；从管理的范围看，它不仅涉及电子商务物流企业，而且包括物流供应链上的各个环节；从管理的方式方法看，它兼容传统的管理方法和通过网络进行的过程管理、虚拟管理。

（3）新颖性。电子商务物流是以物流信息为其管理的出发点和立足点，体现了新经济的特征。电子商务活动本身就是信息高速发展的产物，对信息活动的管理是一项全新的内容，也是对传统管理的挑战和更新，如何进行信息的在线管理，需要物流企业和其他有关行业的共同努力。

（4）智能性。电子商务物流的实物位移自动化、半自动化程度较高，物流过程处于实时监控之中，而物流系统中的传统管理内容，如人事、财务、计划和物流控制等全部都智能化。因此电子商务物流管理的重点是这些自动化、智能化的设计过程。一个智能化的电子商务物流管理系统可以模拟现实，可以发出指令、实施决策，根据物流过程的特点采用对应管理手段，真正实现电子商务物流管理柔性化和智能化。

6.3.3　电子商务物流管理的内容

电子商务物流管理主要包括对物流过程的管理、对物流要素的管理和对物流中具体职能的管理。

1.对物流过程的管理

（1）运输管理。运输方式及服务方式的选择；运输路线的选择；车辆调度与组织。

（2）储存管理。原料、半成品和成品的储存策略；储存统计、库存控制、养护等。

（3）装卸搬运管理。装卸搬运系统的设计、设备规划与配置和作业组织等。

（4）包装管理。包装容器和包装材料的选择与设计；包装技术和方法的改进；包装系列化、标准化、自动化等。

（5）流通加工管理。加工场所的选定；加工机械的配置；加工技术与方法的研究和改进；加工作业流程的确定与优化。

（6）配送管理。配送中心选址及优化布局；配送机械的合理配置与调度；配送作业流程的确定与优化。

（7）物流信息管理。对反映物流活动内容的信息、物流要求的信息、物流作用的信息和物流特点的信息所进行的搜集、加工、处理、存储和传输等。

（8）客户服务管理。对于物流活动相关服务的组织和监督，如调查和分析客户对物流活动的反映，决定客户所需要的服务水平、服务项目等。

2.对物流要素的管理

（1）人的管理。物流从业人员的选拔和录用，物流专业人才的培训，物流教育和物流人才培养规划与措施的确定。

（2）物的管理。"物"指的是物流活动的客体，即物质资料实体，涉及物流活动诸要素，即物的运输、储存、包装、流通、加工等。

（3）财的管理。主要是指物流管理中有关降低物流成本、提高经济效益等方面的内容，包括物流成本的计算与控制、物流经济效益指标体系的建立、资金的筹措与运用、提高经济效益的方法等。

（4）设备管理。对物流设备进行管理，包括对各种物流设备的选择与优化配置，对各种设备的合理使用和更新改造，对各种设备的研制、开发与引进等。

（5）方法管理。包括各种物流技术的研究、推广普及，物流科学研究工作的组织与开展，新技术的推广普及，现代管理方法的应用等。

（6）信息管理。掌握充分的、准确的、及时的物流信息，把物流信息传递到适当的部门和人员手中，根据物流信息进行流决策。

3.对物流中具体职能的管理

（1）物流战略管理。

物流战略管理是为了达到某个目标，物流企业或职能部门在特定的时期和特定的市场范围内，根据企业的组织结构，利用某种方式，向某个方向发展的全过程管理。物流战略管理具有全局性、整体性、战略性、系统性的特点。

（2）物流业务管理。

主要包括物流运输、仓储保管、装卸搬运、包装、配送、流通加工及物流信息传递等基本过程。

（3）物流企业管理。

主要有合同管理、设备管理、风险管理、人力资源管理和质量管理等内容。

（4）物流经济管理。

主要涉及物流成本费用管理、物流投资融资管理、物流财务分析及物流经济活动分析。

（5）物流信息管理。

主要有物流MIS、物流MIS与电子商务系统的关系，以及物流MIS的开发与推广。

（6）物流现代化管理。

主要是物流管理思想和管理理论的更新、先进物流技术的发明与采用。

6.4　巩固练习

一、选择题

1. 电子商务物流是在电子商务条件下，依靠（　　）等进行的物流活动。

    A. 计算机技术   B. 互联网技术

    C. 电子商务技术   D. 信息技术

2. （　　）是为实现"以顾客为中心"理念而在生产领域提出的，是适应生产、流通与消费的需求而发展起来的一种新型物流模式。

    A. 物流网络化   B. 物流智能化

    C. 物流柔性化   D. 物流自动化

3. 电子商务物流呈现出新的发展趋势，包括（　　）。

    A. 多功能化的发展方向   B. 一流服务的追求

    C. 信息化的处理系统   D. 全球化物流竞争模式

4. （　　）是物流自动化、信息化的一种高层次应用。

    A. 柔性化   B. 网络化

    C. 智能化   D. 综合化

5. 电子商务物流管理特点中的（　　）主要是降低物流成本、提高物流效率、有效地提高客户服务水平。

    A. 智能性   B. 新颖性

    C. 综合性   D. 目的性

6. 电子商务物流管理的内容包括（　　）。

    A. 对物流过程的管理   B. 对物流要素的管理

    C. 对物流中具体职能的管理   D. 对电子商务的管理

二、判断题

1. 电子商务交易过程中包含着信息流、商流、资金流和物流。 （　　）

2. 电子商务物流的目标是在电子商务环境下，通过现代科学技术的运用，实现物流的高效化和高成本化，促进物流产业的升级以及电子商务和国民经济的发展。 （　　）

3. 电子商务物流的本质是实现物流的信息化和现代化。 （　　）

4. 在电子商务时代，信息化、全球化、多功能化和一流的服务水平，已成为物流企业追求的目标。 （　　）

5. 在电子商务时代，物流发展到集约化阶段，一体化的配送中心不仅提供仓储和运输服务，也可按客户的需要提供其他服务。 （　　）

6. 物流网络化的基础是信息化，这里的网络化指的是组织的网络化。 （　　）

7. 电子商务物流是物流与电子商务相结合的产物，电子商务与传统物流既相互制约又相互促进。 （　　）

8. 电子商务物流的管理与组织和传统的物流活动管理没有差异。 （　　）

9. 电子商务物流管理就是研究并应用电子商务物流活动规律对物流某一环节的管理。（　　）

三、简答题

1. 什么是电子商务物流，它有哪些特征？

2. 电子商务物流管理的内容包括哪些方面？

答案

7

单元 7
新媒体平台电商带货

网上开店需要一个好的平台，一般是通过大型网站（APP）注册会员进行售卖，创业者通过注册成为网站（APP）会员，然后根据平台规则开设店铺。在人气高的网站（APP）上开网店是目前国内最火的开店方式，常见的网上开店平台如淘宝、天猫、京东、拼多多、抖音、快手及微店。我们以抖音、淘宝和微店为代表进行详细的讲解。

7.1　了解抖音电商功能

抖音，是由字节跳动孵化的一款音乐创意短视频社交软件，于 2016 年 9 月上线，是一个面向全年龄的短视频社区平台。通过这款短视频 APP 可以分享美食、美妆、旅行、聚会，记录美好生活，认识到更多朋友，了解各种奇闻趣事。

抖音日活用户超过 6 亿，视频日搜索量超过 4 亿，对于电商来说，抖音这种流量大的平台完全就是一个待挖掘的"金山"。创业者可以主动帮助消费者发掘潜在的购物兴趣，根据人们的潜在需求推荐多种多样的好物，让人们看见原来生活还可以这样过。

抖音推出的电商功能一是达人推荐，也称达人带货，二是自有产品，开抖音小店，三是团购带货。无论是抖音提出的"兴趣电商"，还是快手提出的"信任电商"，其本质都是线上购物，而想要做一个能满足消费者多种多样线上购物需求的电商平台，一个便利安心的购物环境必不可少。抖音电商公布了《电商创作者管理总则》，明确了电商创作者（带货达人）的角色定位、准入资质、内容创作、行为规范，以及其在整个内容电商交易链路中应尽的责任与义务。

7.2　了解开抖音小店和成为带货达人的条件

抖音小店是网店，类似于淘宝、京东、拼多多的店铺，适合有货源的商家工厂开店，售卖自己店铺商品；开小店需要准备营业执照，一个营业执照能开一个小店，不需要粉丝和门槛就能开，不需要运营抖音账号，不需要发短视频或直播，还有政策扶持，支持 0 粉丝开通带货权限，即商品橱窗和直播带货功能，重点在于做店铺运营。

商品橱窗和小黄车，即带货达人带货商品的入口，这种适合无货源的创业者，在短视频、直播添加小黄车（即购物车），在个人主页展示商品橱窗，帮助其他商家带货；需要做账号，拍短视频或直播带货，赚商品佣金，不用负责商品的发货、客服、货源、售后等问题。支持通过精选联盟添加并分享第三方电商平台（包括但不限于抖音小店、淘宝、京东、考拉海购、唯品会、苏宁易购等）的商品。支持在视频和直播中间添加并分享商品，适合分享商品为主的抖音创作者。

开通商品橱窗有 4 个基本条件，一是账号的实名认证，二是个人主页公开发布短视频数 ≥ 10 条，三是抖音账号粉丝量 ≥ 1 000，四是缴纳作者保证金 500 元。

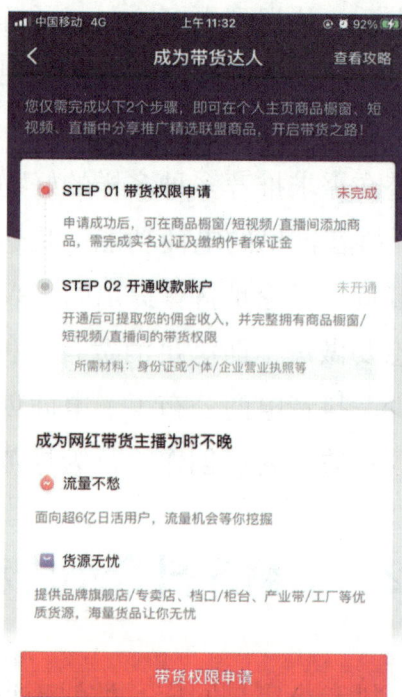

7.3 成为带货达人的操作申请流程

7.3.1 申请入口

符合申请成为带货达人的条件之后，进入抖音 APP 底部"我的"模块，在右上角点击三横杠，在下拉列表中选择"创作者服务中心"，选择"商品橱窗"，如图 7-1 和图 7-2 所示。

抖音拥有丰厚的流量和畅通的货源通道，方便达人带货。带货达人需要在平台上开通提取佣金收入关联银行账户。在"成为带货达人"窗口底部点击"带货权限申请"，开启达人带货的申请，如图 7-3 所示。

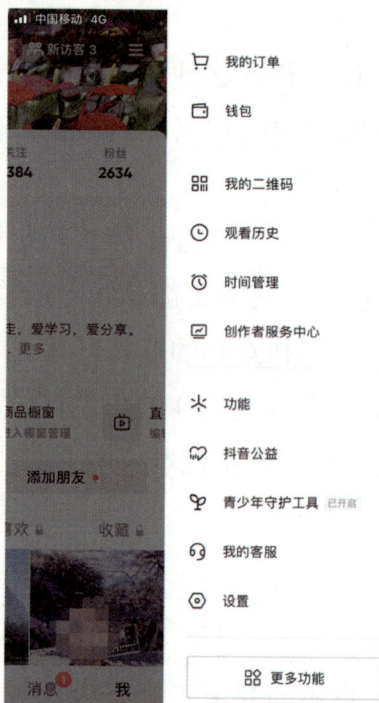

图 7-1 创作者服务中心　　　图 7-2 商品橱窗　　　图 7-3 成为带货达人

7.3.2 权限检测

平台首先检测成为带货达人的 4 个条件是否符合，例如用户未缴纳创作者保证金，则"去充值"，完成缴纳，当 4 个条件都达到了，便可以"立即申请"，如图 7-4 所示。

图 7-4 带货权限申请

7.3.3 认证过程

用户需要进行账号身份认证，该身份认证信息将互通到精选联盟平台，并开通相关服务，此后即可选品带货。点击"开始认证"，如图 7-5 所示。

一是选择资质类型，分为个人类、个体工商户类和企业类。个人类账号为个人所有，准备身份证、银行卡；个体工商户准备个体工商执照、经营许可证、个人或企业银行卡；企业号、政务号、媒体号或者账户为公司所有，准备营销执照、法人证件和对公账户。选择好之后，点击"下一步"，如图 7-6 所示。

图 7-5 选择资质

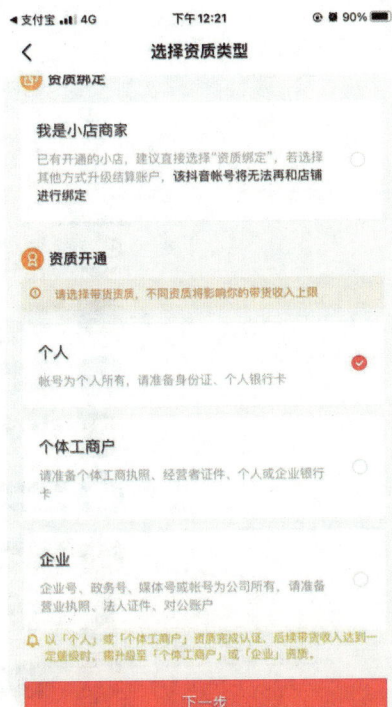

图 7-6 上传身份证

7.3.4　支付账号

　　商品橱窗、视频和直播间推广精选联盟商品需要开通4种账户类型：聚合账户、支付宝账户、微信账户和合众账户。聚合账户，是支付宝、钱包支付等的综合账户，抖音佣金默认进入聚合账户，用于帮助商家完成货款的接收和提现。开通这些账户，有先后次序，如图7-7所示。

　　依次填写账户信息，主要包括银行名称、账户账号，完成之后，系统经过审核，在"消息"列表中可以看到商家服务通知，包括"商品分享权限开通成功"和"抖音入驻审核通知"等，如图7-8、图7-9所示，表明已经成功开通商品分享功能，个人主页已经出现"商品橱窗"入口，如图7-10所示。

图7-7　支付账户类型

图7-8　商品橱窗通知

图7-9　商家服务通知

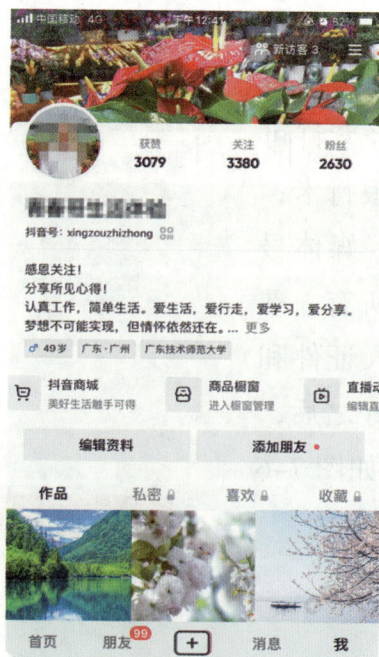

图7-10　个人主页（商品橱窗）

7.3.5　选品带货

　　进入商品橱窗，有产品功能新人引导进行选品带货。首先是引导选择带货的类目，系统已根据账号的画像推荐了 2 个类目，可以根据兴趣选择类目，修改类目，最多可选 3 个类目，如图 7-11 所示。

　　设置了类目便进入了精选联盟的选品广场，在这里提供丰富的商品供选品带货，每件商品已标明售价、佣金率、月售件数，如图 7-12 所示。带货达人也可以在选品中心，通过"商品分类"或者"筛选"功能获取更多的信息，快速找到自己带货商品，如图 7-13 和图 7-14 所示。

图 7-11　选择类目

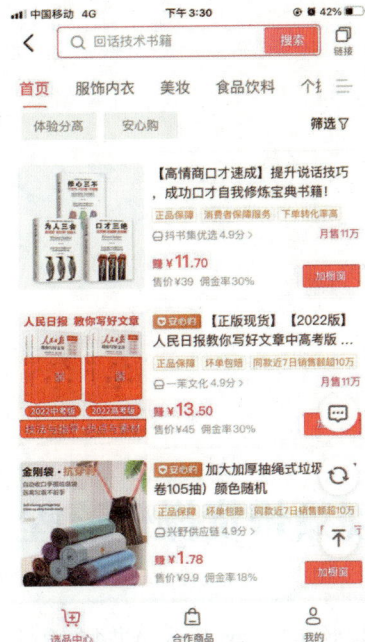

图 7-12　个人主页（商品橱窗）

图 7-13　商品分类

图 7-14　商品筛选

7.3.6　开始日常带货

　　选好带货商品之后，即开始日常带货。抖音用户刷到之后，从商品橱窗点击即可打开带货商品页面，如图 7-15 所示。

图 7-15　商品页面

7.4　通过短视频带货操作流程

　　通过短视频挂购物车（小黄车）带货的前提是在"商品橱窗"里面已经有推广的商品，在发布短视频作品时进行选择与设置。

7.4.1　填写短视频作品的描述与制作封面

　　通过"+"号进入发布短视频界面，选择已完成的短视频，在"发布"页面选择或制作作品封面、添加作品描述，如图 7-16 所示。

图 7-16　填写作品描述与设置封面

7.4.2　添加标签选择带货商品

在作品"发布"页面点击"添加标签"，选择"商品"，如图 7-17 所示，进入自己账号所推广带货的商品列表，把准备带货的商品点击"添加"，可以选多件，如图 7-18 所示。

图 7-17　添加标签　　　　图 7-18　添加带货商品

7.4.3　编辑推广信息

完成商品添加之后，要对每件商品编辑推广标题，标题显示在短视频底部小黄车展现的位置，简洁明了，主要从功能、名称、卖点上编写，有助于转化，如图 7-19 所示。

图 7-19　设置推广标题

7.4.4 完成作品发布

完成推广信息的设置之后，又返回到作品"发布"页面，注意到原来添加标签的位置出现了刚才编辑的推广标题，完成作品发布，如图7-20和图7-21所示。

图 7-20 完成带货商品标签设置　　图 7-21 设置推广标题

7.4.5 展现与购买

用户在刷到这个短视频作品时，可以看到底部小黄车购物标志以及推广标题。点开之后打开该商品的详情页面，并且有加入购物车、立即购买及进店、和收藏等功能，如图7-22所示。

7.5 综合演练

1. 如果想在自己的短视频挂在其他人直播间买过的商品，跟其挂一样的商品，怎么操作呢？

2. 为了开通商品橱窗，在抖音里将粉丝涨到1 000以上，有哪些涨粉方法呢？

3. 短视频带货，需要设置推广标题，在平台上选出10条推广标题进行分析比较，推广标题应包括哪些信息？

4. 对于当前主流的新媒体平台，从平台特色、日活用户、电商功能等多个角度进行对比分析，选择在哪些平台做电商带货更有优势呢？

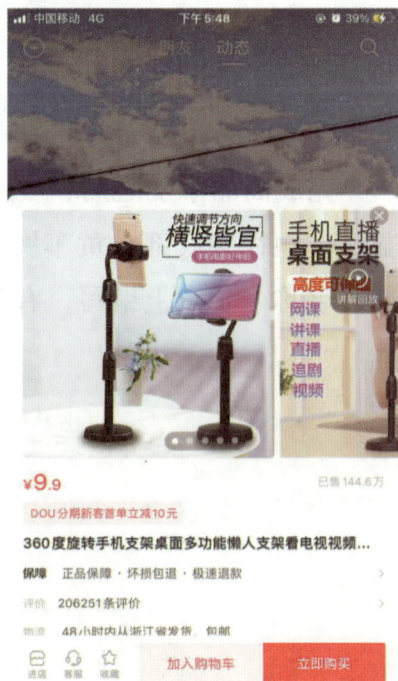

图 7-22 带货商品详情页

单元 8

淘宝 PC 端与移动端开店与运营

网上开店是一种在互联网时代背景下诞生的新销售方式，区别于网下的传统商业模式，与大规模的网上商城及零星的个人品网上拍卖相比，网上开店投入不大，经营方式灵活，可以为经营者提供不错的利润空间，成为许多人的创业途径。网上开店有多种方式，不同的开店方式需要的开店成本也不相同，对销售盈利的结果也会产生一定的影响。下面以淘宝PC端与移动端开店为例进行讲解。

8.1　网上开店

8.1.1　网上开店的准备

1.硬件准备

不管实体开店还是网上开店，硬件都是基础和根本，但是网上开店的硬件不同于实体开店。要在网上开店需要的硬件包括计算机、数码相机、多功能一体机等。其中计算机作为办公设备，是必须配备的，方便与客户和厂家进行沟通，可以使用笔记本电脑，方便携带，随时随地都能投入工作。数码相机对很多店铺来说也是基本装备，有了数码相机可以将自己的产品多角度地反映在买家面前，当然对于很多大型卖家可以把拍照装修业务外包给专业的公司。多功能一体机是当店铺达到一定规模，会有大量的包裹单打印，或者将厂家的产品图片批量扫描，这时一台集打印、复印、扫描于一体的设备就很有必要了。

2.软件准备

网店是通过联网的计算机进行管理和经营的，因此卖家需要具备一定的计算机使用技能，包括在线与买家交流、对自己网店商品的更新等，经常要用到的软件包括即时聊天工具、免费邮箱、图片处理工具等。图片处理软件有美图秀秀、光影魔术手、可牛图片处理、iSee等，最权威的软件是Photoshop，它能够实现所有能想到的图片处理效果，但由于其操作比较专业，因此建议普通用户还是选择便于上手、操作简单的图片处理软件。阿里旺旺是淘宝网官方指定的在线交易沟通工具，需要注意的是官方网站提供了买家版、卖家版（千牛）两种不同类型的聊天工具，如果是网上开店的用户，必须选择"千牛：卖家工作台"。

3.相关证件

如果要在网上开店，需要准备相关的证件以备开店认证使用，这里主要分为个人和企业。

淘宝开店个人卖家需要：卖家身份证正反面扫描件，卖家手持身份证照片，卖家半身像，银行卡一张，手机一部（需与开通银行卡注册的手机号一致）。

淘宝企业开店卖家需要：企业执照、企业注册号、企业对公账号、企业缴税证明、企业法人或代理人身份证件、企业其他资质文件和品牌资质文件等。

8.1.2 淘宝 PC 端开店的流程

1.注册淘宝账户

如果想要在淘宝网上拥有一家小店，自己当店长，首先要拥有自己的淘宝网账户。可以通过邮箱或手机号码两种方式申请并激活淘宝网账户。

（1）账户未登录情况下，单击淘宝网首页左上角"免费注册"按钮。

（2）根据页面提示输入手机号及接收验证码验证。

若页面提示手机账户已存在，则直接登录，如图8-1所示。

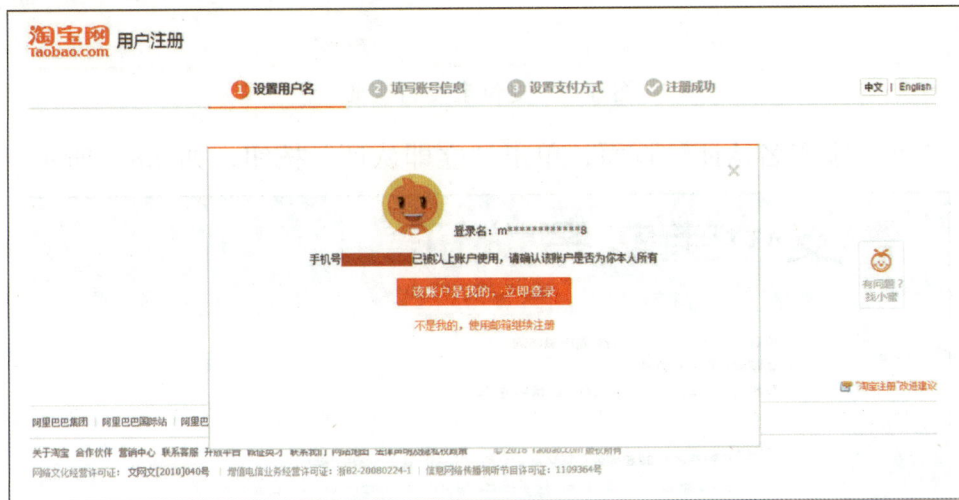

图 8-1 注册淘宝账户

2.绑定支付宝账户

登录淘宝网（www.taobao.com），进入"我的淘宝"→"账户设置"→"支付宝绑定设置"页面绑定支付宝账户，如图 8-2 所示。

图 8-2 绑定支付宝账户

3.完成支付宝实名认证

（1）从淘宝网首页进入"卖家中心"→"店铺管理"页面，单击"我要开店"按钮。未进行过支付宝实名认证的，需要进行支付宝认证的操作，在支付宝实名认证的条件项，单击"继续认证"按钮，如图8-3所示。

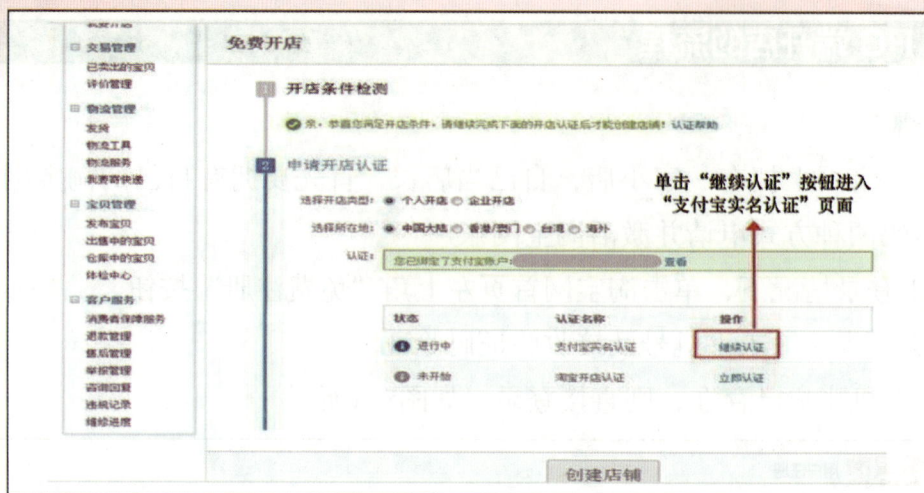

图 8-3 支付宝实名认证

（2）进入"支付宝实名认证"页面，单击"立即认证"按钮，如图8-4所示。

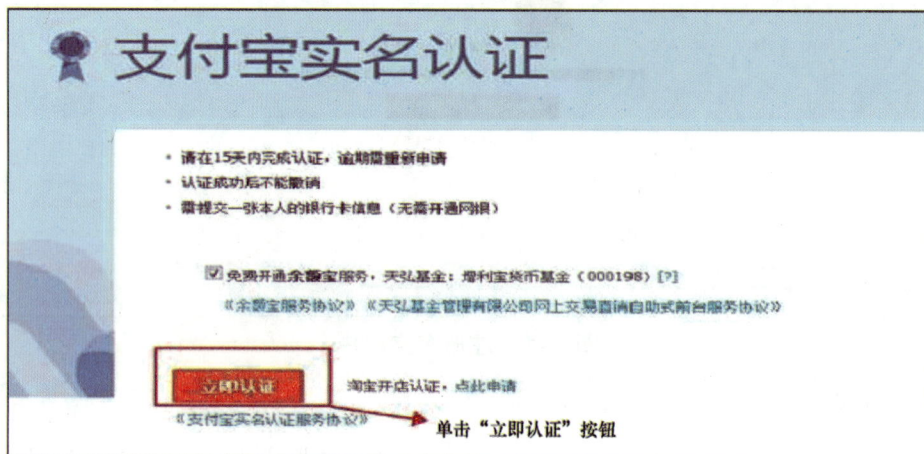

图 8-4 立即认证

（3）单击"下一步"按钮，如图8-5所示。

（4）在打开的页面中，填写与支付宝账户注册时使用的相同身份证号码开户的并可正常使用的银行卡信息，并按页面提示操作，如图8-6所示。

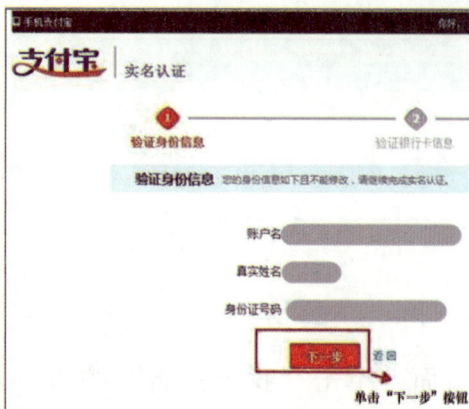

图 8-5 验证身份信息

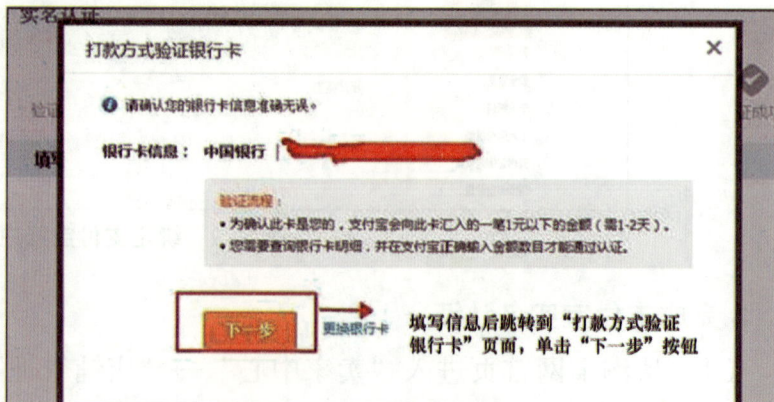

图 8-6 验证银行卡

（5）仔细阅读跳转页面上的信息，并在等待银行打款的过程中先返回淘宝开店页面，同步进行淘宝开店认证，如图 8-7 所示。

（6）进行中的支付宝实名认证如需继续完成的，需要在支付宝向银行卡打款的，打款后 48 小时进入淘宝开店页面继续支付宝实名认证的操作，单击"继续认证"按钮，如图 8-8 所示。

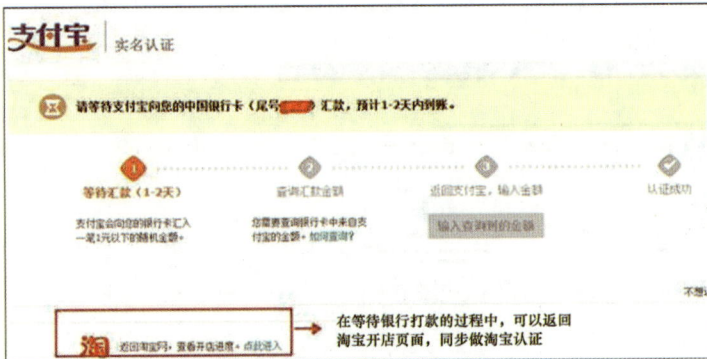

图 8-7　等待汇款

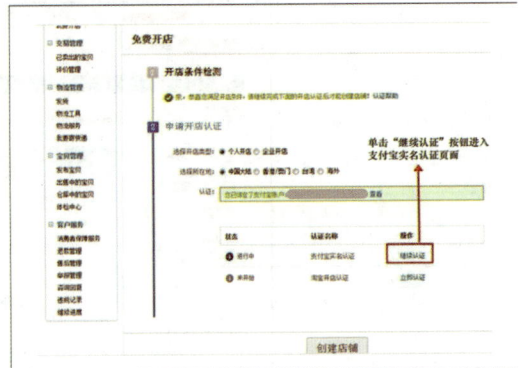

图 8-8　继续认证

（7）进入支付宝银行卡打款信息页面，将银行卡中查询到的支付宝打款金额输入信息项，并按提示操作，单击"输入查询到的金额"按钮，如图 8-9 所示。

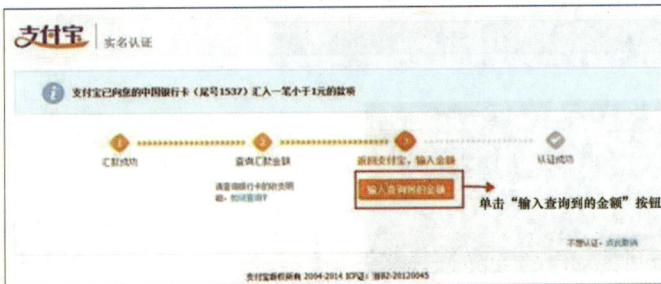

图 8-9　汇款成功

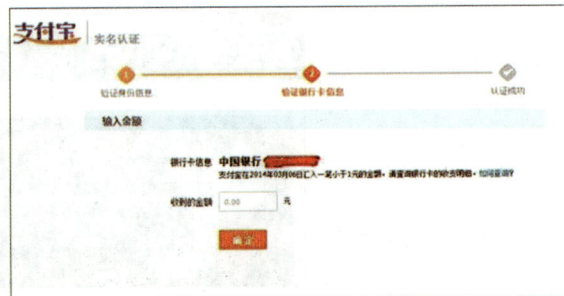

图 8-10　输入金额

（8）进入实际输入金额页面，输入金额后，单击"确定"按钮，如图8-10所示。

（9）系统确认完成，支付宝实名认证即可完成，返回淘宝卖家中心免费开店页面，如图 8-11所示。

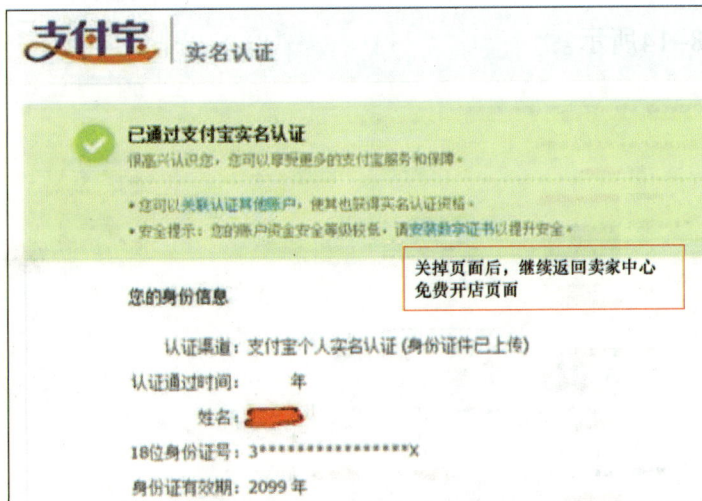

图 8-11　支付宝实名认证成功

4.完成淘宝身份认证

（1）完成支付宝实名认证操作后，返回"免费开店"页面时，可以进行"淘宝开店认证"的操作，如图8-12所示。

图 8-12　淘宝开店认证

（2）进入"淘宝网身份认证"页面，单击该页面中的"立即认证"按钮，如图8-13所示。

图 8-13　淘宝网身份认证

（3）进入"淘宝身份认证资料"页面，根据页面提示进行操作（系统会根据用户的网络安全进行推荐），如图8-14所示。

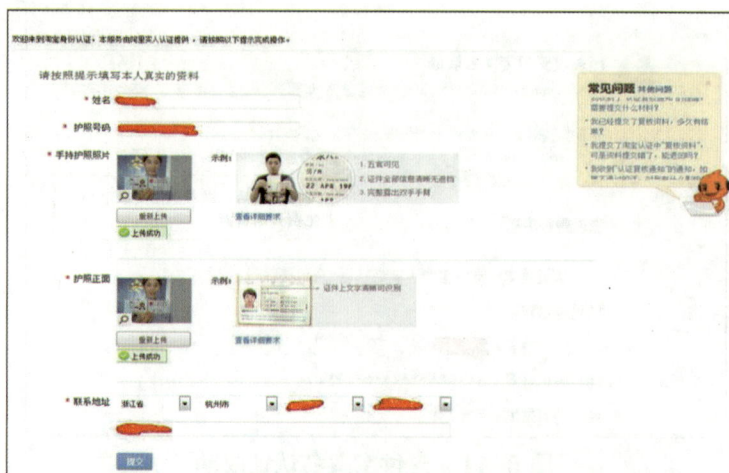

图 8-14　淘宝身份认证资料

（4）资料审核时间为48小时，需耐心等待。提交后页面如图8-15所示。

图 8-15　认证审核

8.1.3　店铺基本设置

1.为店铺添加Logo

所谓店标（Logo），是指店铺的标志图片，一般在店铺的左上角出现。店标可分为静态店标与动态店标，文件格式一般为 GIF、JPG、JPEG、PNG，文件大小为 80 KB，建议尺寸为 80×80（像素）。

一个精致而有特色的店标能在顾客脑海中树立起店铺的形象，提高店铺知名度，所以在网络店铺的个性化设计过程中，为店铺添加 Logo 图标也是重要环节，具体操作步骤如下。

（1）在"淘宝网卖家中心"界面左侧选择"店铺管理"→"店铺基本设置"选项，如图8-16所示。

图 8-16　店铺基本设置

（2）在"店铺标志"栏中单击"上传图标"按钮，如图8-17所示。

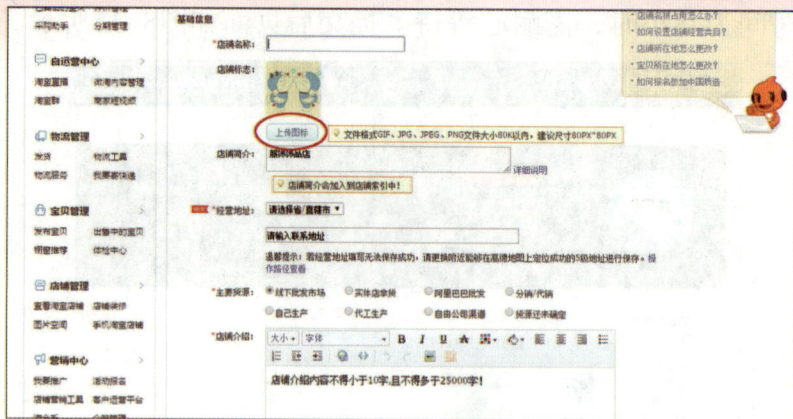

图8-17　上传图标

（3）打开"打开"对话框，选择设置好的标志图片"店标.jpg"；单击"打开"按钮，成功上传店铺标志，单击"保存"按钮，此时，即可在"我是卖家"首页查看到店铺标志。

2.为店铺添加详细介绍

在淘宝网，进入任意一家店铺，都会有一个不同版式的店铺介绍，这个介绍信息有两个要求，一要成为店主对网店经营的一种概括；二要独特、新颖，在最短时间内吸引顾客。

设置店铺介绍的具体操作步骤如下。

（1）在"淘宝网卖家中心"界面左侧单击"店铺管理"→"店铺装修"链接，如图8-18所示。

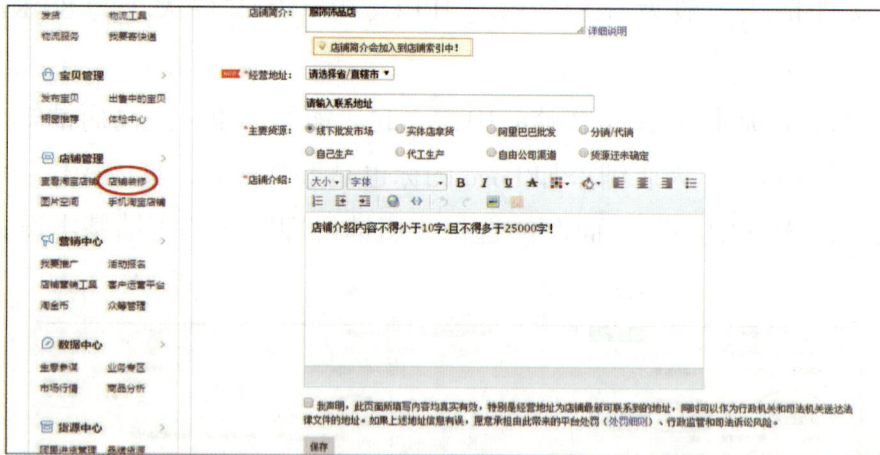

图8-18　店铺装修

（2）打开店铺介绍管理网页，在"店铺介绍"栏中输入店铺的介绍信息；设置文本字符格式；单击"保存"按钮。

8.1.4　商品拍摄、发布

1.商品拍摄

（1）数码相机是拍摄商品照片必备的器材，目前主流的家用数码相机像素都在1 000万以上，完全可以拍出非常清晰的照片。如果拥有专业或准专业的单反相机，那么拍摄出的相片质量会更好。

（2）搭建自己的摄影棚。在整个淘宝卖家开店过程中，拍照无疑是万里长征第一步，怎样拍好宝贝照片，成了众多新手卖家最关注的问题。由于一般小卖家，不可能有专业的摄影棚，如果在室外还好，如果在室内，往往由于晚上家中灯光太暗而影响整个商品的拍摄，因此可以搭建简单摄影棚。

2.商品发布

（1）普通商品发布技巧。在商品发布之前，首先需要准备商品的实物图片与资料。然后逐步发布商品。掌握对商品的命名技巧，以及怎样合理地给商品定价。在发布商品前，需要准备好商品的相关资料，主要包括经过处理后的商品图片、关于商品的介绍内容等。对于商品图片建议保存为 JPG 格式，淘宝详情页面默认最宽能够显示 750 像素的图片，如果全屏显示，可以显示 950 像素的图片，但一般情况下，都是采用左右双栏，所以在处理图片时，最好将宽度控制在 750 像素；对于商品描述内容，可以先在记事本等程序中撰写并整理好，然后直接保存为文本文档。当发布商品时，打开文档复制内容即可。一个店铺中通常会发布数量较多的商品，应该采用合理的结构保存，可以将不同商品的相关资料分类保存到不同的文件夹中，建议的商品资料保存结构如图 8-19 所示。

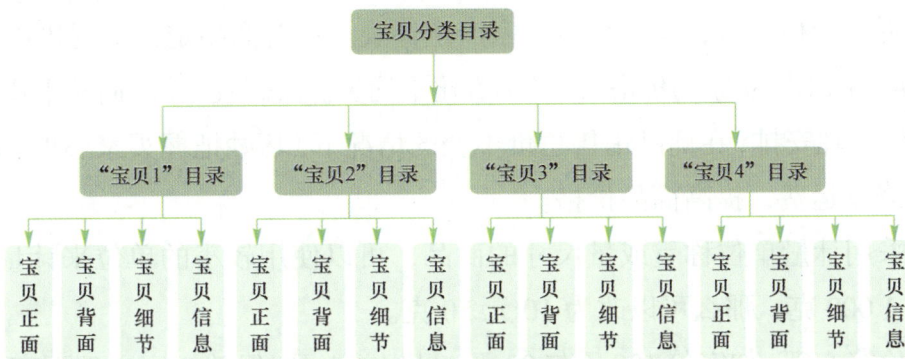

图 8-19　部分资料保存结构

①设置商品属性。进入宝贝发布页面后，首先要将宝贝设置为全新宝贝，其次需要根据产品自身特色，选择对应的属性参数。不同类别的商品，可供选择的属性是不同的。

这里所选择的各项属性，最终将以表格形式显示在商品销售页面的上方，买家也会在一定程度上根据卖家所提供的商品属性决定是否购买商品，因此，卖家必须对自己的商品全面了解之后再设置商品属性，从而避免以后由于商品与描述不符而造成交易纠纷。

②发布并设置宝贝类别。准备好宝贝资料后，就可以进行宝贝的发布了，淘宝支持“一口价”“拍卖”“个人闲置”3 种宝贝发布方式，一般新开店可以直接选择“一口价”方式进行售卖。打开淘宝网后，登录并进入卖家中心，在左侧“宝贝管理”下单击“发布宝贝”按钮。直接跳转到一口价选择类目页面，在这里选择要发布的商品类别，确认后单击下方的“我已阅读以下规则，现在发布宝贝”按钮，如图8-20所示。

图 8-20　设置宝贝类别

③填写宝贝标题。由于买家在购物网站中浏览商品时，首先关注的是商品缩略图片与商品名称，一个诱人的商品名称不但能增加商品的浏览量，还能激起买家的购物欲望。同时，淘宝针对卖家，要求发布宝贝的标题在32个字以内，这就更需要我们做好标题优化工作，用最好的标题来吸引买家。

④制定合理商品价格。商品的价格也是影响买家购买的重要因素之一，往往一件商品有很多卖家在销售，如果商品其他方面相同，那么价格低的卖家，就更容易把商品卖出去。但是并不是建议绝对价低，价格太低，反而会让买家产生怀疑。针对商品定价，提供以下几条建议。

a. 多对比同类商品不同卖家的价格，定价不宜比平均定价太高或太低，而从中找到最佳切入点。

b. 运费与定价合理安排，在商品销售总价不变的情况下，巧妙把握买家心理，降低商品价格，提高运费；或者降低运费，提高商品价格。

c. 对于一些采用计量单位称重或量尺寸的商品，可以使用较小的单位来计量，如茶叶商品的价格为 200 元 1 000 克，那么可以改为 10 元 50 克。

掌握买家的价格心理，如定价 100 元与 99 元，只相差 1 元，但就买家心理而言，99 元属于"几十块钱"，就更容易让买家购买。

⑤设置商品规格。标题和价格设置好以后，还需要输入商品的颜色、尺码规格及库存信息，在该区域中不同信息的设置方法如下。对于不同商品，下面显示的属性也不同，如服装类商品，将显示"颜色""尺码"两个选项。在其中可以选择商品的颜色和尺码，选择颜色后，还可以自定义颜色名称。最后根据"颜色"与"尺码"组合列表来设置不同颜色、不同尺码商品的库存数量，库存数量表示着商品的可销售数量，对于卖家而言，就等于该商品自己可以进货的数量，如开始进货 5 件，如果供货商能够长期提供货源，那么这里就可以多填一些，避免在网店中由于库存数目不足而无法销售。

⑥上传宝贝主图和详情页面。宝贝主图和宝贝详情页面，可以说是淘宝卖家生意好坏的奠基石，图文的好坏，将直接影响客户是否点击主图，然后通过详情页介绍实现下单购买。

商品描述是发布商品过程中最重要的一个环节，即将销售商品的特色完全是在这里体现的，其中包括商品的缩略图片、具体的商品描述内容，以及全面的商品实物图片等。它是让自己销售的商品与买家面对面接触的地方，前面精心拍摄处理的各种宝贝图片，都会在这里进行展示，因此一定要引起足够的重视。

⑦设置物流信息。网上交易的商品都是通过物流来进行送达的，常见的物流方式主要有平邮、快递及 EMS，这里需要根据自己商品的情况（主要取决于重量与体积）来设置相应的运费。首先选择自己的所在地（商品发货地），然后选择运费承担方，一般是"买家承担运费"。对于单件商品的运费，设置是非常简单的，只要选中"平邮"单选按钮，然后分别设置不同运输方式的价格即可。

（2）使用淘宝助理批量发布宝贝。随着需要发布的商品越来越多，这时登录到店铺中逐个发布商品就比较麻烦，而且商品多了之后，还需要对其进行各种管理。淘宝网为此提供了淘宝助理工具，卖家可以使用该工具直接批量编辑、发布商品，以及对商品进行各种管理。

简单地说，淘宝助理就是一款离线管理和发布淘宝网店宝贝的实用工具。不管是宝贝发布、编辑、发货、上传商品图片等均可批量操作。淘宝助理还支持本地图片上传宝贝时自动将本地图片上传到图片空间，这样可以为卖家节省时间。

8.1.5　店铺装修

1.设置店铺的招牌

店招也就是店铺招牌，在店铺装修页面上方会自动显示店招位置，而卖家需要做的，就是发挥自己的设计能力为店铺设计一个漂亮的店招。设计店招可以通过图形设计软件进行创意制作，也可借鉴其他店的设计，并在此基础上进行自我创作，形成自己店铺的风格。

店铺装修

（1）如何设计好店招。店招设计的好坏都对店铺的整体形象和运营有着重要影响。下面，就为大家介绍如何装修设计店招。

①店铺的店招设计需固定统一的大小。店招就是店铺的招牌，任何店铺都有自己的店招，利用店招来推广店铺的各类产品，宣传店铺的优质服务。往往淘宝店铺在设计店招时要固定统一的大小，一般为 950×150（像素），格式为 jpg 或 gif。设计店招时，为了能够使店招代表整体的店铺形象，需符合以下两项原则。

a.店招要直观明确地告诉客户自己店铺是卖什么的。

b.店招要直观明确地告诉客户自己店铺的卖点（特点、优势、差异化）。

店招示例如图 8-21 所示。

图 8-21　店招示例

②店铺的店招设计需新颖独特。随着网上市场发展越来越兴旺，店铺之间的竞争也异常激烈，为了能够在激烈的市场竞争中占据一定市场份额，掌柜们在店铺设计上也下足了功夫。当顾客浏览到你的店铺时，店铺的每一个方面都能成为影响顾客是否购买的因素。如果店铺的店招设计得新颖独特，能够吸引顾客的注意，并留下深刻的印象，那么无疑是培养了潜在的目标客户群；或者是直接由店招促成了顾客的购买行为，店铺就顺利完成了营销的工作，取得了相应的经济效益，如图8-22所示。

图8-22 新颖独特的店招

（2）上传店招到店铺内。卖家可以在Photoshop中根据自己的宝贝特点设计制作店招，然后将其上传到店铺中。具体操作方法：进入淘宝网"卖家中心"页面，单击左侧"店铺管理"选项下的"店铺装修"链接，进入编辑页面，从上到下第一个可编辑框为店招位置，单击其右上方的"编辑"按钮上传图片，如图8-23所示。

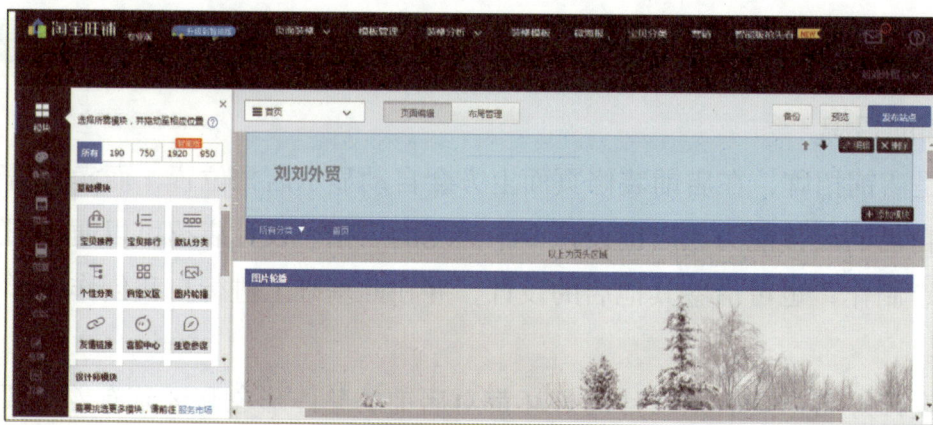

图8-23 编辑店招

2.设置店铺的色彩风格

在店铺装修中，色彩的合理使用也是非常重要的，好的色彩可以提高宝贝的水准也可以提高买家的购买力。在夏季可以使用冷色系，让买家有清凉感，冷色系也有端庄肃穆的感觉，同样适合男装店铺使用。暖色系一般会让人产生亲近感，如红色、黄色等，这些比较适合年轻人群的店铺，红色系中的粉红色、鹅黄色等是女生比较喜欢的，所以对销售女性用品及婴儿用品的店铺而言是比较适合的。卖家在设置模板时，最好根据自己销售宝贝的分类、属性来选择模板颜色，如出售儿童用品，可以选择活泼的绿色；出售女士用品，可以选择粉红色等艳丽的颜色。

3.宝贝分类设计

合理的宝贝分类可以使店铺的商品更清晰，方便卖家和买家快速浏览与查找自己想要的宝贝。如果店铺发布的宝贝数目众多，那么合理的分类显得尤为重要。

创建普通商品分类,进入"店铺装修"页面,在"宝贝分类"模板的右侧上方单击"编辑"链接,并进行"手工分类"及图片添加,如图 8-24 所示。

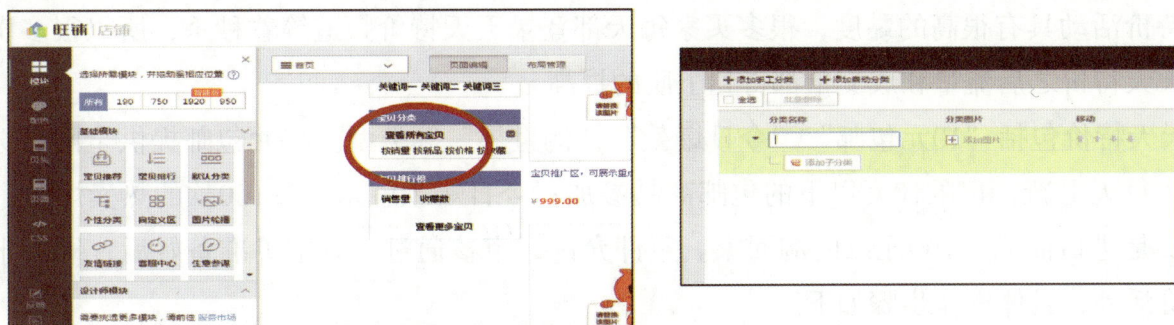

（a）　　　　　　　　　　　　　　（b）

（a）编辑分类；（b）输入分类名称

图 8-24　宝贝分类

4.增加模块

除了默认显示的页面分类外,卖家还可以根据需要来增加店铺分类导航、店铺客服、店家收藏等版块,从而让买家以更直接、更方便的方式进行购买。

淘宝店铺页面需要定时定期更改,以不断提升页面视觉效果。例如,将"宝贝推荐"与"图片轮播"模块调换位置,进入装修页面,在"图片轮播"模板右上角单击"下移"按钮,此时,即可快速将"图片轮播"模块与下方的"宝贝推荐"模块调换位置。

在淘宝店铺上如何设置"收藏本店"功能,并添加图片和文字的详细介绍,新手卖家也是可以做到的。卖家可以在店铺右侧的自定义内容区上添加收藏店铺模块。

5.装修技巧

店铺设计风格要统一,色彩合理使用,主图要突出,避免图片使用过多。

8.2　网店经营

8.2.1　营销与推广

好产品是基础,而长期有效的推广营销才决定着店铺的销量和店铺是否能够存活。网店的营销即客户上门后,利用有效的促销手段促使交易成功,简单地说就是让客户"选择我们"。网店的推广即运用一定媒介有计划地进行网店传播广告活动,简单地说就是要让客户"知道我们"。本节内容介绍几种店铺内、外推广的宣传方式。

1.淘宝官方活动

如何让一个新开的店铺迅速成长起来,不仅是众多卖家心中所想的事情,也是淘宝大力发展的方向,因此淘宝不断推出各种促销手段,如淘金币、淘抢购、天天特价、聚划算等,以此来推动中小卖家的成长。

（1）天天特价。淘宝网的天天特价频道（tejia.taobao.com），主要目的是扶持中小卖家，天天特价活动具有很高的黏度，很多买家每天都登录天天特价频道等着秒杀，所以很多卖家在上了天天特价之后流量和成交量都得到了质的提高。

天天特价包括"10元包邮""今日爆款""淘世界"等类型。10元包邮提供全网精选超值宝贝，每天上新，仅限10元以下的包邮商品参加；今日爆款就是每日100款的热卖爆款；淘世界主要是进口商品，100元以内淘回家。条件允许，审核通过，且宝贝准备好后，即可报名天天特价活动，具体操作步骤如下。

①登录到"淘宝网卖家中心"，在"我是卖家"页面单击"营销中心"栏下的"我要推广"链接，在"常用入口"选项中单击"天天特价"图标。

②进入淘宝网天天特价首页，指向导航栏右侧的"商家中心"选项；在展开的列表中选择"商家报名"命令。进入商家报名页面，选择报名日期，在"目标活动"栏下方单击"立即报名"按钮。

③进入"活动说明"页面，仔细阅读活动介绍、店铺要求及宝贝要求，单击"我要报名"按钮。

④此时，在商家报名表中按照要求填写信息。确认无误后提交报名申请即可，如图8-25所示。

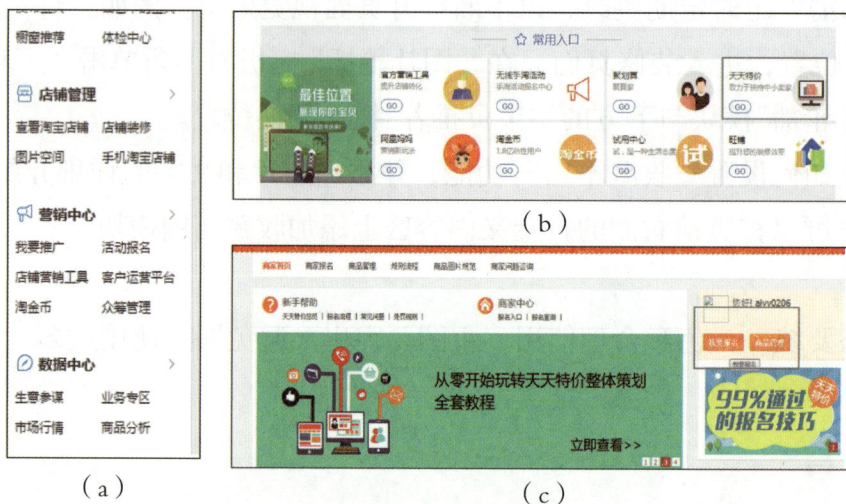

图 8-25　天天特价

（2）聚划算。很多商家看中了淘宝聚划算的商机和巨大的流量平台。但是参加聚划算对商家入驻有一定要求，满足要求即可报名参加聚划算，报名参加聚划算团购活动具体操作步骤同"天天特价"，如图8-26所示。

图 8-26　聚划算

打开"聚划算团购活动协议"页面，查看协议内容后，选中"本人已阅读并同意"复选框；单击"提交"按钮。然后开通"支付宝账户付款"服务，输入淘宝账号绑定的支付宝账户、支付密码及验证码；单击"同意协议并提交"按钮，此时，即可成功签署协议。最后只需选择店铺的宝贝进行报名，等待审核结果，通过后即报名成功。

2.店内活动

很多店铺都推出各种推广服务，其目的都是提高成交量。普通网店主要有限时打折、搭配套餐、店铺优惠券等促销工具。下面来看看淘宝的一些促销工具，以"使用宝贝搭配套餐"为例。

搭配套餐是将两个或两个以上的商品，以搭配的形式组合销售。这种营销方式很大程度上提高了卖家促销的自主性，同时也为卖家提供了更多的便利和选择，使店铺的促销活动更专业，而且节省人力成本，提升单价和转化率。搭配套餐能使商品之间环环相扣，增强每个商品的曝光率，起到连带销售的作用。

购买搭配套餐服务，并创建搭配套餐具体操作步骤如下。

（1）登录到淘宝网卖家中心，在"我是卖家"页面，单击"营销中心"栏下的"我要推广"链接；在"基础促销"选项卡中单击"搭配套餐"图标，如图 8-27 所示。进入搭配套餐订购页面，选择服务周期；单击"立即订购"按钮。

图 8-27 "搭配套餐"图标

（2）根据页面提示完成订购操作后，在"我是卖家"页面单击"我购买的服务"按钮；再打开的增值服务列表中选择"搭配套餐"选项。在不同的套餐中设置符合自身情况的参数即可，如图 8-28 和图 8-29 所示。

图 8-28 当日活动

图 8-29 搭配宝

8.2.2 客户服务

1.售前服务

售前客服是指顾客购买商品之前，明确商品的定位，为顾客提供商品信息的解答，引导顾客购买商品的客服。售前客服接待人数众多，工作压力大，此时，售前客服只需要清楚自己的工作流程，就能保证自己工作有条不紊地进行。

（1）客服沟通的基本心态：关心顾客，对顾客热情主动，清楚自己的目的。

客服与顾客进行交谈时，一定要清楚自己是在工作，与顾客的谈话、聊天的目的都是要引导顾客购买商品，所以客服在与顾客沟通时首先要分轻重缓急，优先解决顾客的疑问再进行推荐促销。其次是客服要注意聊天的时间，与顾客的每一次谈话都是有目的性的工作行为。最后，客服一定要适时确认对方是否清楚自己表达的意思，注意使用正确的沟通方式。

（2）售前知识储备。售前知识储备是对售前客服最起码的要求，即客服要对所销售的商品有全面而具体的认知，客服只有掌握了这些基本知识，才能给顾客传递正确的信息，具体内容如图 8-30 所示。

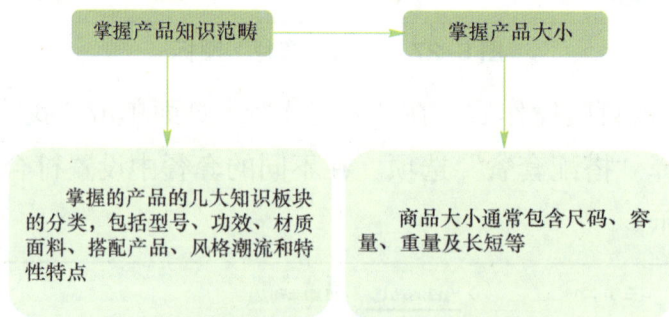

图 8-30 售前知识储备

（3）售前成交过程。在整个店铺的运营中，售前客服都扮演着十分重要的角色，尤其是在帮助顾客顺利完成商品购买的过程中，不仅要担当顾客一对一的咨询师，还要兼任形象塑造的执行者及店铺销量提升的销售员。在售前成交过程中也要注意以下几部分内容，如图 8-31 所示。

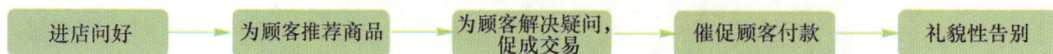

图 8-31 售前成交注意事项

①进店问好。第一印象是指和陌生顾客的交往中，给对方留下的最初印象。在网络购物中，这种通过售前客服所获得的初次印象是今后商品交易的依据，在竞争异常激烈的网络店铺中更要注意第一印象的培养。所以为了给顾客第一次就留下好印象，需要注意以下两方面。

首先，拒绝一个字回答。"在""有""没""嗯""好"……这类看似在回答顾客疑问的词语，在客服与顾客的聊天中是绝不允许的，一个字回答顾客的询问会让顾客觉得客服很敷衍、没有耐心、太过冷漠。这样很容易降低顾客购买的欲望，流失客源。当然文字多少适量即可，太多的文字也会让顾客抓不住重点。

其次，礼貌热情，统一术语。短短的一句欢迎光临能产生意想不到的效果。让顾客真正感受到作为"上帝"的优待，从源头上消除顾客的抵抗心理。在交谈中要多用"您""咱们"等词语。

②为顾客推荐商品。推荐产品是售前客服工作最重要的环节，是客服根据顾客的需要将自己想要出售的产品通过自己独特的销售方式推荐给顾客的过程，这是客服工作的重点，也是客服工作能力的具体体现。

首先，瞄准顾客的购买需求进行推荐。一方面，顾客的问题直接反映了他们的需求，客服只需要从问题中的几个关键字入手，有针对性地为顾客推荐即可；另一方面，对于那些已经拍下但没有付款的顾客可以根据订单进行询问。这样顾客会觉得客服很懂自己的需求，不会存在沟通障碍。

其次，帮助顾客进行挑选，很多顾客在选购商品时会出现不自信，缺乏独立意识等情况，这个时候客服的出现可以成为顾客的定心丸。

③为顾客解决疑问，促成交易。在客服与顾客沟通交流之后，顾客多少对产品还存在一些疑问，如果客服不能将疑问解决好，就很难实现销售，所以客服一定要学会处理问题，就是针对顾客的疑问或不满进行完全解答的过程。

客服首先需要清楚问题产生的原因，并注意自己的处理态度，然后明确问题，找到原因，用数据和事实消除顾客的疑虑与误解，并给予合理的解释，说服顾客达成共识。

④催促顾客付款。在客服和顾客经过很长时间的沟通之后，顾客终于拍下产品，但却迟迟没有付款，客服几乎每天都会遇到这样的情况，这个时候就需要客服进行催付，催付工作是提高询单转化率最直接、也是最简单的步骤。所以客服一定要掌握催付工作的合理流程，主要包括催付方式、催付时间及催付用语等。

现在用得比较多的催付方式是电话、短信、千牛 3 种方式，这 3 种催付方式不能针对同一顾客频繁使用，最好选择其中 1～2 种催付方式，每种方式只能使用一次，因为过于频繁的催付会让顾客厌烦，就会适得其反。

催付时间主要根据购物时间进行选择，客服除了在顾客下单后进行在线催付外，隔天同一时间进行催付效果最好，由于很多订单提交未进行支付的原因都源自支付本身的问题，顾客也会自行去解决。

客服催付的内容可不是随随便便的，催付的内容是非常讲究的。一定要让顾客感受到客服的热情，感谢客服的提醒。

⑤礼貌性告别。当顾客完成对商品的购买后，客服要主动与顾客告别，这样做不仅是一种礼貌，更是为下一次交易赢得好的机会。

客服想表达对顾客购买商品的感谢之意，想表达对顾客下次光临的热情欢迎时，仅靠文字是很难让顾客感受到的，而对千牛中的一些告别表情的使用就能很好地弥补这一点。在与顾客礼貌告别后，记得一定要添加顾客为好友并做好分组，这样既可以表示对顾客的重视，也能为自己的下一次销售积累资源。

2.售后服务

（1）制定合理的退货和换货政策。退货和换货在交易中经常发生，而退换货服务的好坏直接影响着顾客是否再次购买，所以需要在商品页面中指定合理的退换货政策，如图8-32所示。

怎样才能制定出合理的退货与换货政策呢？

①先对退换货进行说明。能否方便地退换货是影响顾客购买动机的很大因素，所以卖家应清楚、明白地告诉消费者：在什么样的条件下可以退货；对于款到发货的情况，退货后多长时间可以将货款退还给顾客；往返运费由谁来承担。这些问题不说清楚往往会让不少顾客犹豫不决。所以，在店铺中最好能有退换货情况的说明。

②当顾客提出退货时应先了解原因。当顾客提出退换货要求时，作为卖家首先要了解顾客为什么要退换货，确定是由谁的原因造成的，也就是责任归属问题。退换货的原因通常有以下几种。

a.商品的质量问题。

b.顾客收到的商品与图片或描述不符。

c.商品本身没问题，顾客只是想更换商品。

d.商品运输过程中的磨损。

e.顾客使用不当，引起商品损坏。

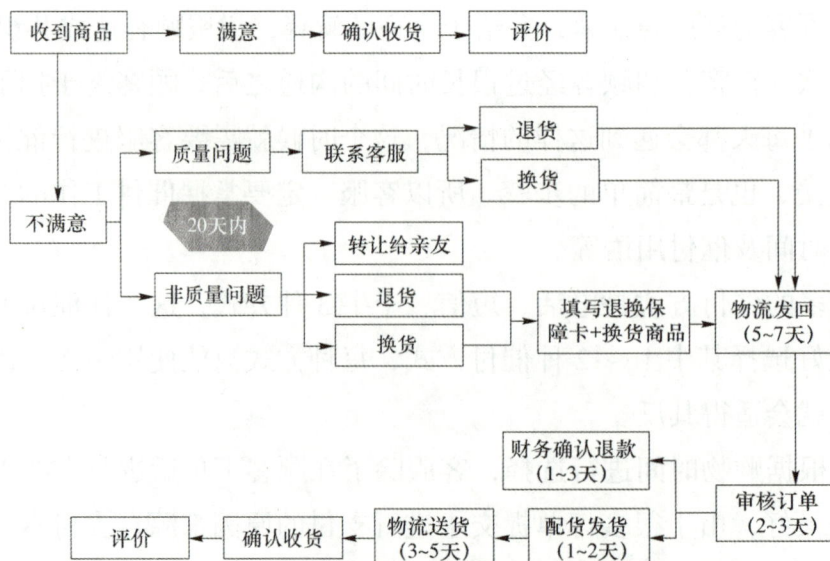

图 8-32　退换货政策

如果是卖家的责任，要勇于承担。如果是顾客的责任问题，一般是不予退换的，但也要向顾客详细地说明原因，最好能为对方提供相应的弥补建议，切忌在沟通中冷言冷语。

③界定退换货运费归属问题。通常情况下运费的归属问题是根据责任的划分来确定的，像由于商品的质量问题、运输磨损等引起的退换货要由卖家负责运费，而由于顾客的原因，如顾客想换一种产品或使用不当造成的商品损坏引起的退换货则应由顾客负责运费。

（2）特殊售后处理。这里所指的特殊售后处理是相对棘手一些的售后处理。这类售后处理通常涉及投诉、维权、退款纠纷、差评等方面。在处理特殊售后问题时，售后客服不仅需要熟悉淘宝售后的规则，还要与给出差评的顾客斗智斗勇，尽自己最大的努力解决问题。通常所说的特殊售后处理主要包括以下几方面。

①严重投诉或维权。严重的投诉或维权一般指顾客要求淘宝介入的订单。售后客服最重要的工作就是第一时间解决售后投诉，以免店铺产生处罚风险，所有投诉必须在三个工作日之内让顾客撤销维权。

②严重退款纠纷。严重退款纠纷有一个最明显的特点，就是买家在申请退款之后，要求淘宝介入，当淘宝介入之后，无论是怎样的判决，都会产生退款纠纷，情况严重者会涉及相关处罚。

③修改中差评。顾客在购物的途中基于对商品质量、物流速度和客服态度等诸多方面的不满意，会给卖家一个差评，单击鼠标就能做的中差评价可是卖家很头疼的事情，做淘宝难免会遇上顾客毫不留情的中差评，可作为售后客服不能坐以待毙，要对顾客的中差评积极去响应，找准顾客的不满所在，可以使用优惠返现、下次折扣等方式尽最大可能让顾客修改中差评。

（3）有效降低产品退换率。商家如何预防退货，以使退货损失最小化？

①制定合理的退货政策。对于退货条件、退货手续、退货价格、退货费用分摊、退货货款回收及违约责任等方面制定标准。利用一系列的约束条件，平衡由此产生的费用，一定要多熟悉淘宝相关规则。

②加强验货。加强验货可以在进货等环节的各个过程进行，以避免缺陷产品发给顾客。

8.2.3 包装与物流

在买家购买商品后，卖家就需要根据订单来准备该宝贝，由于绝大多数网上交易是通过物流公司来完成的，因此必须先对商品进行包装，这样才能够完好无缺地到达买家手中。

通常人们会说，卖家经营店铺有没有用心，看商品包装就知道了，其实也就是说包装这个环节不能小觑，如果包装马虎而导致商品在运输途中损坏，就得不偿失了。

当然这里所说的包装并不是指商品本身的外包装，而是指为了商品的运输安全，对它进行的二次包装。但在包装过程中，需要注意的是运输重量的不同会使邮寄费用产生变化，而邮费也是销售成本的一个组成部分，如果包装合理，也能节省不少开支。

由于不同卖家销售的商品类型不同，因此针对不同类型的商品，所使用的包装材料与包装方式也各不相同。这里为卖家介绍常用的一些包装材料及不同类商品的包装方式。

1.常用包装材料

首先要了解常用的包装材料，常见的包装材料主要有卡通箱、编织袋、泡泡纸、牛皮纸及内部的填充物等。

（1）卡通箱。卡通箱是使用比较普通的包装方式，主要有以下优点：安全性强，可以有效地保护物品；环保，可回收；重量轻，运输成本低；一些特殊箱还可以实现防静电、防潮、保险等需求；印刷精美实现运输包装和商品包装的结合；成本低（相对主要包装种类而言，有塑料、木头）；效率高（生产速度高于其他包装，制作周期短于同类包装）。

但目前国内的卡通箱有普遍的不足之处，既不防水且怕有利物刺穿。解决方法是在卡通箱内适当放入填充物可以对运输过程中的外部冲击产生缓冲作用，图8-33所示为多种卡通箱。

图8-33　卡通箱

（2）编织袋。编织袋适用于各种不怕挤压与冲击的商品，优点是成本低、重量轻，节省运费；缺点是对物品的保护性比较差，只能用来包装质地柔软耐压耐摔的商品，图8-34所示为编织袋。

图8-34　编织袋

（3）泡泡纸（袋）、空气袋。泡泡纸（袋）和空气袋不但价格较低、重量较轻，还可以比较好地防止挤压，对物品的保护性相对比较强。适用于包装一些本身具有硬盒包装的商品，如数码产品等。另外泡泡纸也可以配合纸箱进行双重包装，加大商品的运输安全指数。图8-35所示为泡泡纸（袋），图8-36所示为空气袋。

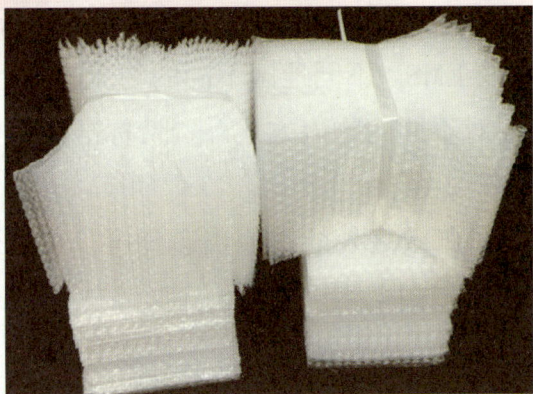

图 8-35 泡泡纸（袋）

图 8-36 空气袋

（4）牛皮纸。牛皮纸多用于包装书籍等本身不容易被挤压或损坏的商品，可以有效防止商品在运输过程中的磨损。

（5）其他包装材料。对于一些商品，在包装上是需要考虑防水与防潮因素的，如服饰、数码产品、未密封的食品等，这类商品在包装后，可以采用胶带对包装口进行密封。

2.不同商品的包装方式

产品离不开包装，根据包装物和用途的不同，选择包装材料也不尽相同，那么不同的商品有哪些包装方式呢？

（1）皮包、衣服、鞋子类产品。这类产品在包装时可以用不同种类的纸张（牛皮纸、白纸等）单独包装好，以防止脏污。如果用报纸，里面还应该再加一层塑料袋。

遇到不规则的商品，如皮包等，可预先用胶带封好口，再用纸包住手提袋并用胶带固定，以减少磨损。

当商品是衣服时，就先要用塑料袋装好，再装入防水防染色的包裹袋中，用布袋邮寄服装时，宜用白色棉布或其他干净整洁的布，先用防水塑料袋将衣服装好。

（2）首饰类产品。首饰类产品一般都需要附送首饰袋或首饰盒，必须要用卡通箱包装并用填充物填充，在打包首饰时，为了让物件在纸盒中不晃动，可以使用泡沫、报纸等作为填充物。纸箱的四个角要用胶带包好，可以防止撞击和其他货物泄露的影响。

在打包产品时附带一张首饰保养及使用说明书，这样显得比较专业，也会给买家留下好印象。

（3）食品类产品。食品的包装最重要的是做到干净和抗挤压。某些食物的保质期很短，如巧克力、干果、牛肉干之类的非真空包装食品，发送这类货物要注意以下两点。

①包装要干净，不管是装食物的袋子，还是邮递用的纸箱，都要干净，如果放在一个脏兮兮的纸箱中，不仅影响食欲，买家收到货后肯定会质疑食物的卫生安全问题，有了这层阴影，下次肯定不会再次光顾。

②分量一定要足，不能缺斤少两，最好在货物中附一个清单明细，里面应注明食品名称和订购量。清单一式两份，客户一份自己留一份。

3.选择合适的送货方式

目前网上购物使用的物流主要有快递公司、平邮及EMS。不同地区不同的物流收费也不同，对于卖家来说，由于经常需要通过物流发货，因此要对不同的物流方式、资费标准及服务进行相应地了解，从中选择最合适自己产品的发货方式。

（1）快递公司。快递公司是指目前国内市场上除了邮政之外的其他快递公司，它是运用自己的网络进行快递服务。快递公司是淘宝店主超过95%的选择，特点就是快速、高效，价格合理。目前国内快递公司主要有顺风速递、申通快递、圆通速递、中通速递、韵达快递等。

①顺丰速递。顺丰速递是一家具有网络规模优势的智能物流运营商。已形成拥有"天网+地网+信息网"三网合一、可覆盖国内外的综合物流服务网络，成为中国速递行业中民营品牌众多佼佼者之一。顺丰快递发货速度较快，全国范围内一般2天左右发货，但收费略高。如果客户追求速度、商品利润率较高，推荐选择顺丰快递；如果产品利润率不是很高，买家也没有特别要求必须利用顺丰快递，那么可以选择其他快递公司。

③圆通速递。上海圆通速递有限公司是国内大型民营快递品牌企业。公司主营包裹快递业务，形成了包括同城当天件、区域当天件、跨省时效件和航空次晨达、航空次日下午达和到付、代收货款、签单返还等多种增值服务产品。公司的服务涵盖仓储、配送及特种运输等一系列的专业速递服务，并为客户量身定制速递方案，提供个性化一站式的服务。

④中通速递。中通速递服务有限公司是一家集物流与快递于一体、综合实力位居国内物流快递企业前列的大型集团公司。公司的服务项目有国内快递、国际快递、物流配送与仓储等，提供"门到门"服务和限时（当天件、次晨达、次日达等）服务的同时，开展了电子商务配送、代收货款、签单返回、到付和代取件等增值业务。

⑤韵达快递具有中国特色的物流及快递品牌，建立科技化和标准化的模式运营网络，已在全国拥有3 000余个服务规范的站点，致力于不断向客户提供富有创新和满足客户不同需求的解决方案。

⑥极兔速递。上海极兔速递有限公司以快递和跨境物流为核心业务，致力于持续为全球客户创造极致的服务体验。其快递网络覆盖中国、印度尼西亚、越南、马来西亚等周边国家，是东南亚的主要快递公司。同于业务飞速发展，极兔速递与百世集团联姻，优势互补，促进网络精细化运营，为客户提供更好的服务，促进行业健康健康成长。

（2）邮政。几乎每个卖家都有使用邮局发货的经历，有的卖家认为邮局平邮价格较高，有的卖家却认为邮局平邮非常便宜，而且商品的安全指数也高。事实上，在邮局发货有很多小窍门，如果店主掌握了，就可以省下不少钱。

EMS是中国邮政的特快专递业务，其速度与快递公司相差不远，但是服务和效率有些地方不如快递公司。EMS的优点是能派送其他快递有可能运输不到的地区，也就是国内任何一个地方都能派送到。建议淘宝店主在快递公司派送不到的情况下或邮寄比较贵重的商品时选择EMS。

　　平邮是邮政提供的普通包裹运输服务，运输时间较长，一般发货后 7 ~ 15 日才能收到货物。优点就是运费较为低廉。目前由于快递公司收费较低，平邮已经很少被卖家采用，而且对于卖家来说，发送普通包裹需要自己到邮局办理，比较费时。

　　快递包裹是中国邮政为适应社会经济发展，满足用户需求，在全国范围内开办的一项业务，它以快于普通包裹的速度、低于特快专递包裹的资费，为物品运输提供了一种全新的选择。

　　"E 邮宝"是中国速递服务公司与支付宝最新打造的一款国内经济型速递业务，专为中国个人电子商务设计，采用全程陆运模式，其价格较普通 EMS 有大幅度下降，大致为 EMS 的一半，但其享有的中转环境和服务与 EMS 几乎相同，一些空运中的禁运品可以考虑 E 邮宝。

　　（3）托运公司。如果店主要发出的宝贝数量较多，重量比较大，平邮或特快专递会非常贵，这时店主不妨考虑使用客车运输商品。买家如果离卖家不远，可以使用短途客车托运货物，但是这种客车一般会要求寄送方先付运费。店主必须要及时通知收货方收货，并且在货物上写好电话和姓名。在托运前必须将货物的包装和标记按照合同中有关条款、国际货协和议定书中条款办理。大件物品使用铁路托运。

8.3　手机淘宝开店实训

　　据中国互联网络信息中心 (CNNIC)2021 年发布的第 48 项《中国互联网络发展状况统计报告》显示，我国网民规模达 10.11 亿，手机网民逾 10.07 亿，互联网普及率达 71.6%，形成了全球最为庞大、生机勃勃的数字社会。近年，"双十一"购物节销售数据持续升高，比如 2021 年，淘宝天猫市场交易额为 5 403 亿元，同比增长 8.45%，再创新高。

8.3.1　手机淘宝，移动电商蓬勃发展

　　现今已经是无线端的新时代。首先手机端已经成为趋势，否则不会掀起最近的互联网创业潮，手机作为一个随看随玩的设备，重要性不必再说，各种电商 APP 也层出不穷，PC 端的点击率已经远不及 APP 端，移动电商的蓬勃发展已经成为趋势，其中手机淘宝是移动平台中最为典型和普及率最高的移动电商平台。下面用图来表示手机淘宝和 PC 端淘宝的区别，如图 8-37 和图 8-38 所示。

图 8-37　手机淘宝和 PC 端淘宝的区别（1）

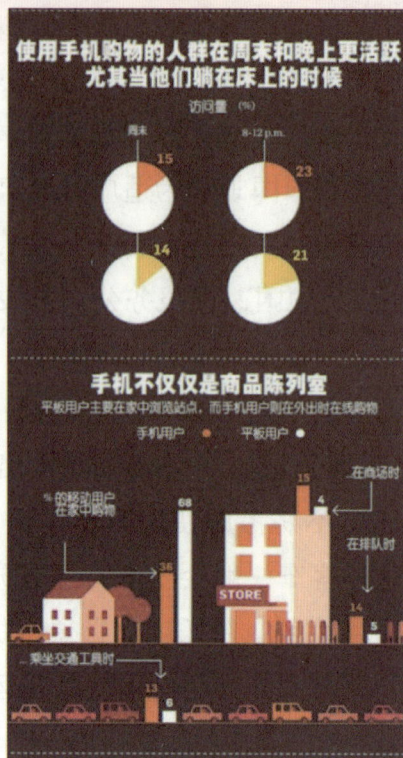

图 8-38　手机淘宝和 PC 端淘宝的区别（2）

8.3.2　手机淘宝开店的流程

1.关于手机淘宝店

可能许多卖家会疑惑"我不做手机端，同样可以通过手机找到自己家的宝贝，那为什么还要做呢？"这样的说法是没有错的，但也需要明白以下两点。

（1）在有无线网络的前提下，卖家是可以通过手机查看到自己的宝贝并可以浏览的，包括宝贝描述，但所看到的其实是 PC 端的店铺宝贝。

（2）在没有无线网络的前提下，卖家如果想通过数据流量来查看宝贝，所能看到的只是一张主图，其他的宝贝描述将全部被屏蔽掉，无法打开。但如果卖家已经做了手机端的店铺，就可以完完全全地打开宝贝页面进行完整地浏览。这主要是因为 PC 端和无线端的图片像素大小不一样。

2.手机淘宝的开店流程

（1）首先使用手机将淘宝更新到最新的淘宝。登录自己的淘宝账号，如果没有淘宝账号，需要注册一个，然后打开主页，点击右下角"我的淘宝"按钮，如图8-39所示。

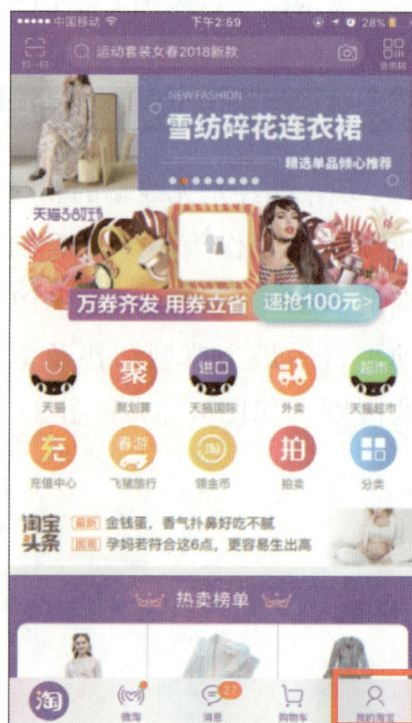

图 8-39　"我的淘宝"按钮

（2）然后在"我的淘宝"页面中点击"查看全部工具"按钮，将出现的页面一直下拉到底，找到"我要开店"按钮并点击，在出现的页面中，根据要求填写即可开通，如图8-40所示。

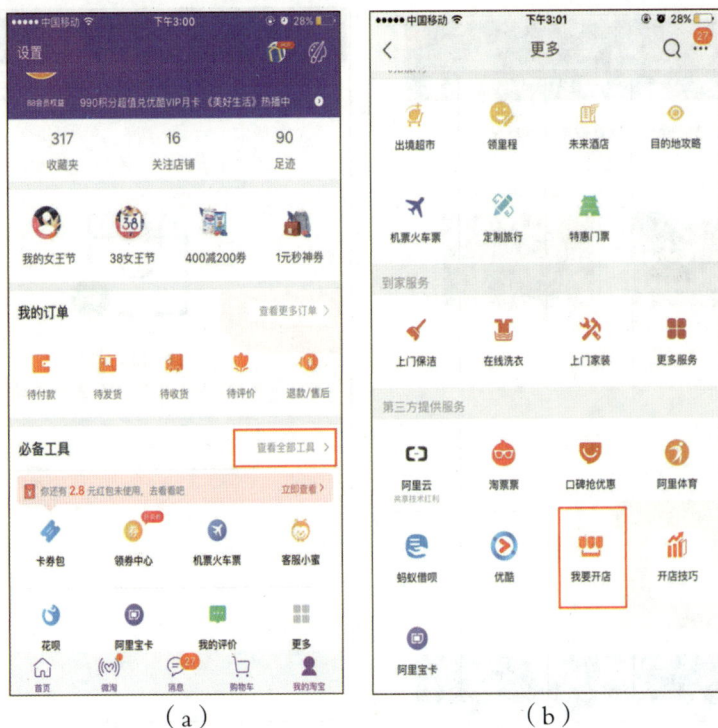

（a）　　　　　　　　　（b）

图 8-40　查看全部工具和我要开店

（3）在"免费开店"界面设置头像、店铺名称和店铺描述。然后进行淘宝开店认证，第一步为人脸认证，如图8-41和图8-42所示。

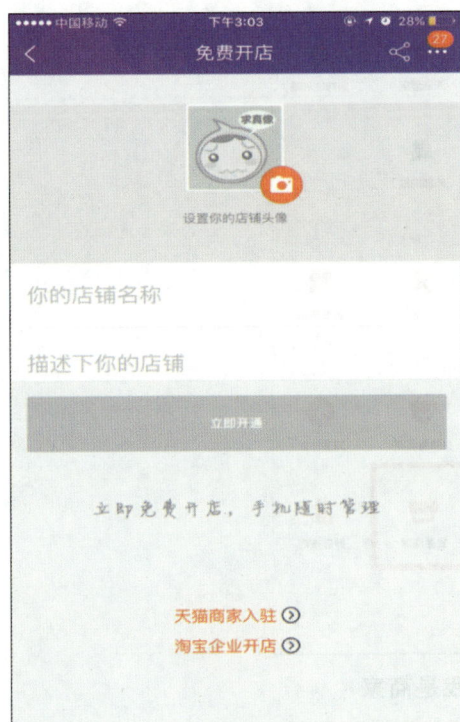

图 8-41　"免费开店"界面　　　　　图 8-42　人脸认证

（4）在认证界面，需要进行人脸验证和确认证件，按要求进行操作，认证成功以后显示"认证成功"，如图8-43和图8-44所示。

（5）返回到工具中可以看到"我要开店"变成了"我是商家"，如图8-45所示。

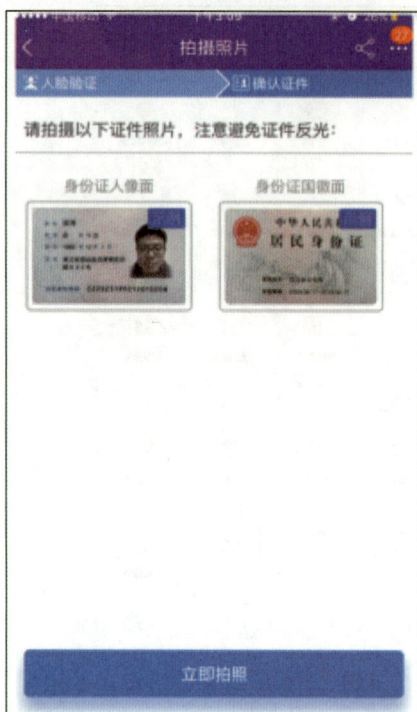

図 8-43　人脸验证和确认证件

图 8-44　认证成功

至此免费开店成功，下面需要进行店铺管理。

图 8-45　我是商家

在移动电商蓬勃发展的大趋势下，掌握好移动端营销的方向就等于抓住了网络营销发展的方向盘，而要想做好手机淘宝的店铺营销，首先要做的就是手机淘宝店铺的装修管理。

1.手机店铺店标与店招的设置

目前新版的淘宝手机店铺设置页面也有了很大的变化，其操作步骤方面简化了很多，让新手更容易掌握手机店铺设置，而且大部分的基础模板功能都是免费的，只需事先准备好图片素材即可。装修店铺，首先要设计好自己店铺的店标与店招，其具体操作步骤如下。

（1）进入淘宝网 "卖家中心"页面。点击左侧"店铺管理"中的"手机淘宝店铺"链接，单击右侧"立即装修"图标，如图8-46所示。

图 8-46　立即装修

（2）进入"装修手机淘宝店铺"页面，点击下方的"店铺首页"链接，开始进行店铺装修如图8-47所示。

图 8-47　店铺首页

（3）在"手机淘宝店铺首页"装修页面中，点击手机版块中的"店招"位置，此时，在右侧自动打开"模块编辑"页面，如图8-48所示。

（4）单击设置店招基本信息下方的"重新上传"链接（如果设置店招基本信息下方为"+"图标，则单击"+"图标即可），在"手机淘宝店铺首页"右上角点击"保存"按钮，再点击"发布"按钮即可。

2.手机宝贝模块展示与设置

随着移动网络的发展，越来越多的人喜欢用手机上网了。那么这样的趋势对淘宝有什么影响呢？随着淘宝网购人群的增加，手机淘宝越来越多，很多店长也意识到了这点，那么，手机淘宝网店怎么装修呢？具体操作方法如下。

（1）装修单列宝贝模块。宝贝类的装修主要是宝贝在首页的展现方式，分为单列宝贝、双列宝贝、宝贝排行及搭配套餐，卖家可以根据自己的情况合理安排宝贝列表的装修方式，如装修单列宝贝模块，其具体操作步骤如下。

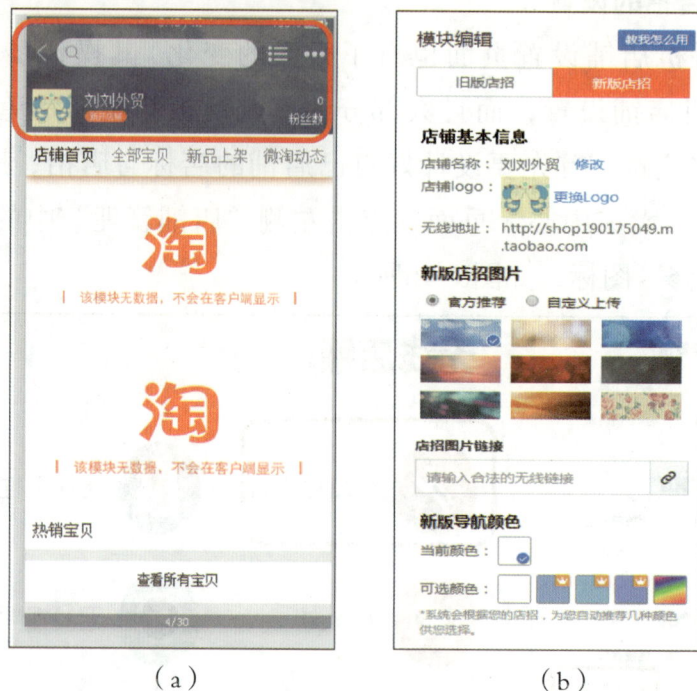

（a）　　　　　　　　　　　（b）

（a）店招位置；（b）模块编辑

图8-48　模块编辑

①在"手机淘宝店铺首页"装修页面中，选择左侧"宝贝类"选项，将"智能单列宝贝"模板拖动至手机版块中。

②此时，在右侧自动打开"智能单列宝贝"编辑栏，输入宝贝标题，粘贴宝贝链接，选中"自动推荐"单选按钮，点击"+"图标，如图8-49所示。

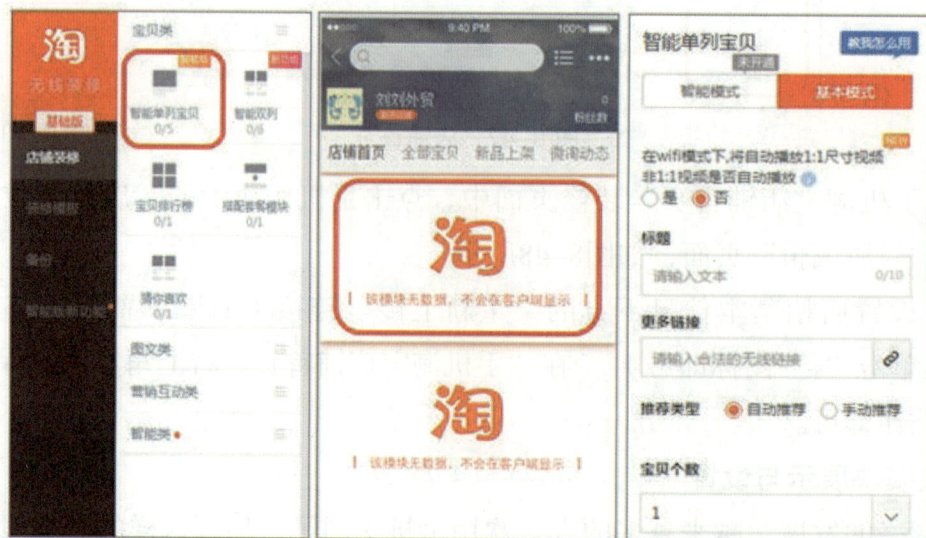

图8-49　装修单列宝贝模块

需要注意的是添加自由组合，"宝贝类""图文奖""营销互动类"分别代表手机首页可以添加的不同元素，想要在首页添加什么就选择什么类型的模块进行添加即可。添加完成后，打开手机淘宝店铺该模块会自动出现。

对以上各项进行设置，设置完成后点击"确认"按钮。

③卖家可以选择"宝贝排行榜"类，并拖动模块至手机页面，在右侧的"宝贝排行榜"编辑栏中编辑宝贝信息及选择宝贝，完成后点击"确认"按钮即可，即可完成宝贝排行榜，如图8-50所示。

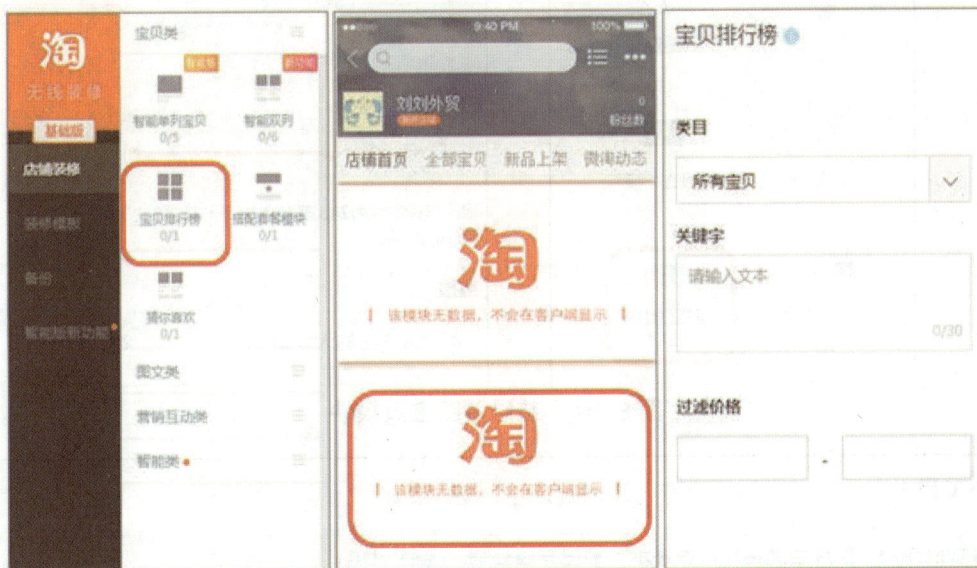

图 8-50　设置宝贝排行榜

④最后在"手机淘宝店铺首页"右上角点击"保存"按钮，再点击"发布"下拉按钮，选择发布方式，即可完成手机店铺的宝贝类装修。

（2）装修多图宝贝模块。在"图文类"装修中有"标题模块""文本模块"等多个装修模块，与宝贝类装修类似，卖家需要哪种模块直接将该模块拖动至手机版块，然后在右边页面进行编辑即可，下面具体讲解"多图模块"的编辑方式及步骤，其他模块举一反三。

①在"手机淘宝店铺首页"装修页面中，选择左侧"图文类"选项，将类别"多图模块"拖动至手机版块中，拖动后右侧即可出现"多图模块"编辑模式，点击"十"图标，在"图片小工具"页面，选择需要的图片（首先需将图片上传至图片空间中），如图8-51所示。

②弹出"图片小工具"面板，调整所需图片，调整好后，点击"上传"按钮，如图8-52所示。

③在链接文本框右侧点击链接图标。在弹出的"链接小工具"对话题中，选择图片所需链接网址。

④在"手机淘宝店铺首页"右上角点击"保存"按钮，点击"发布"下拉按钮，选择发布方式，即可完成装修。

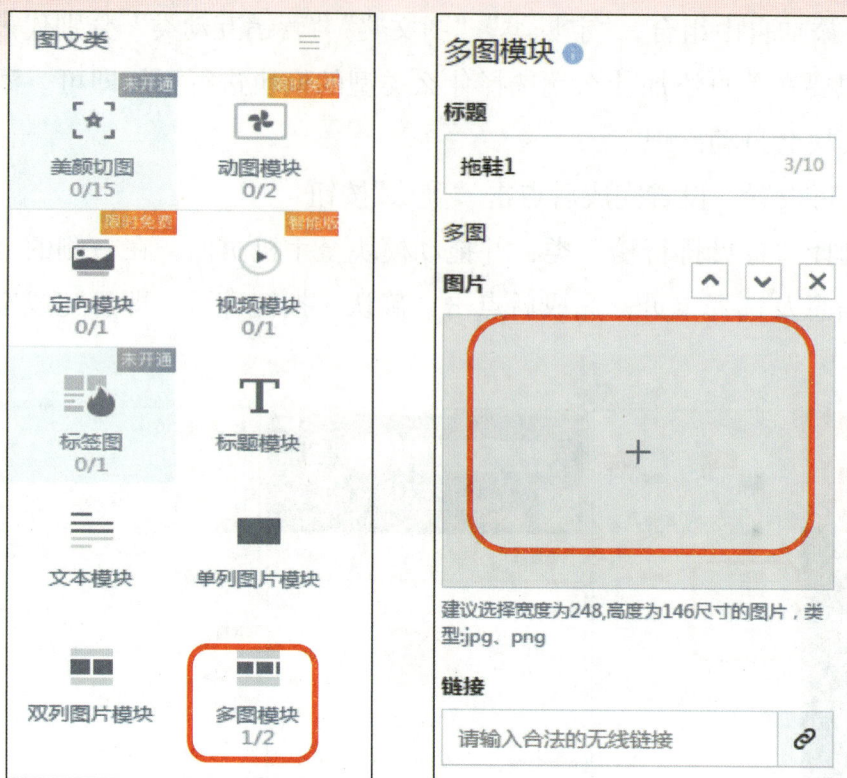

图 8-51 装修多图宝贝模块

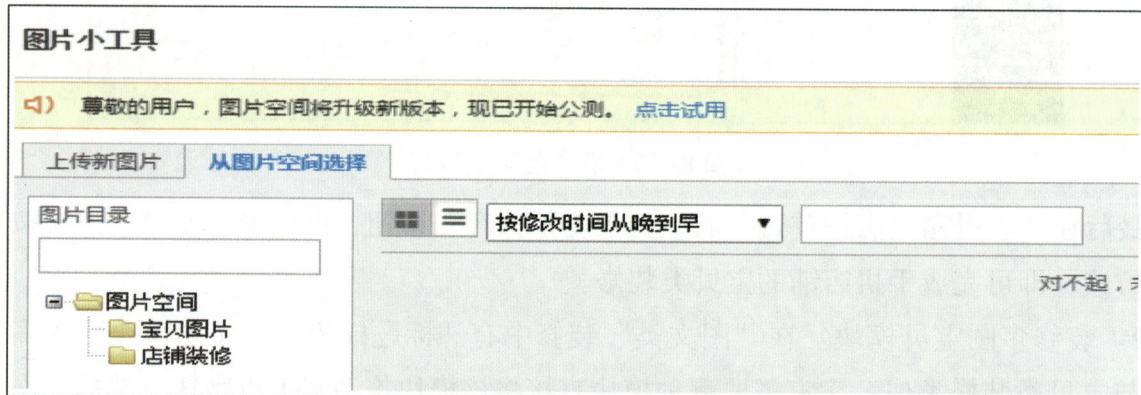

图 8-52 "图片小工具"面板

（3）装修营销模块。

手机淘宝首页还可以添加"电话模块"与"活动模块"，下面以添加"电话模块"为例，具体讲解操作步骤。

在"手机淘宝店铺首页"装修页面中，选择左侧"营销互动类"选项；将类别"电话模块"拖动至手机版块中，拖动后右侧即可出现"电话模块"页面，输入电话号码，点击"确认"按钮，即完成设置，如图8-53所示。

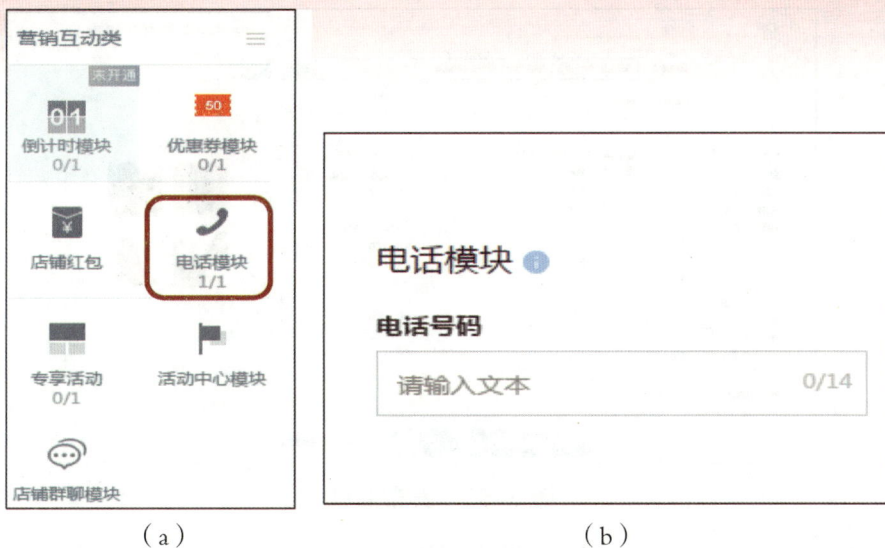

（a）　　　　　　　　　　　（b）

（a）营销分类；（b）电话模块

图 8-53　装修营销模块

3.手机宝贝详情页发布

在设置无线端详情页时，卖家可以根据网页版宝贝详情页的内容进行一键设置，设置后，在无线端查看宝贝详情页即为手机详情页的尺寸大小，可以提高无线端登录及查看的速度，减少流量，给买家带来便利，也可按照传统步骤发布宝贝，具体操作步骤如下。

（1）首先进入自己的卖家中心，进入卖家中心有两个方法，一是从阿里旺旺软件进去，点击阿里旺旺软件左下角的"淘"图标，再点击"卖家中心"按钮即可进入；二是打开淘宝网页，在网页的地址栏下面可以看到卖家中心，也可以单击进入。其中可以看到左边菜单栏中的"宝贝管理"中的"发布宝贝"选项，如图8-54所示。

图 8-54　卖家中心和发布宝贝

（2）可以在搜索框中搜索分类，直接进入分类。例如，发布鞋，可以在搜索框中输入鞋，点击"搜索"按钮，即可发现分类。选择好分类后再点击下面的"我已阅读以下规则，现在发布宝贝"按钮，如图8-55所示。

图 8-55　发布宝贝

（3）在信息页面输入宝贝基本信息、其他信息，如图8-56和图8-57所示。

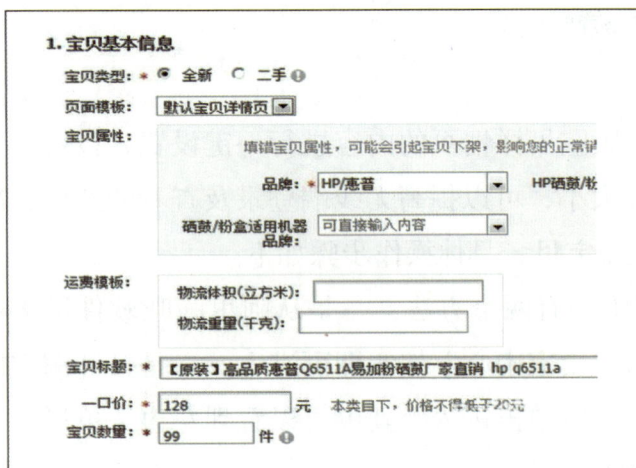

图 8-56　宝贝基本信息

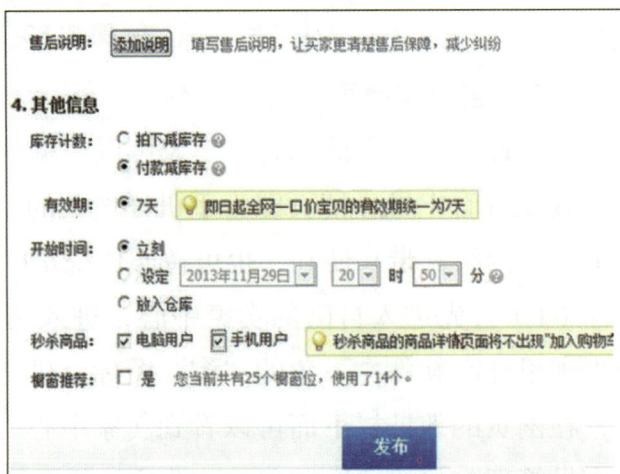

图 8-57　其他信息

（4）信息填写完成后，点击"预览"按钮，然后点击"发布"按钮，发布成功后，30分钟后即可在店铺看到发布的宝贝信息，如图8-58所示。

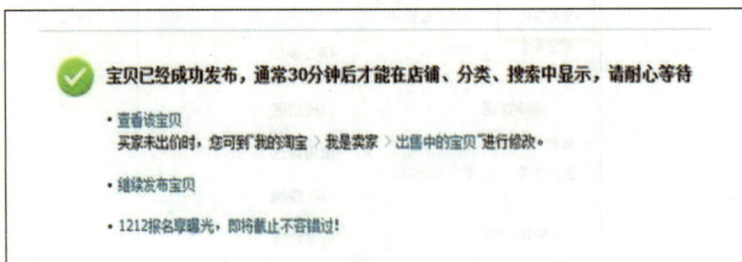

图 8-58　发布成功

（5）添加图片有两种方法，一是本地上传；二是图片空间。如果使用图片空间添加图片，首先要把图片上传到图片空间中，图片空间也在卖家中心下面，如图8-59所示。

（6）然后下面是宝贝物流信息，这个物流信息要先新建一个运费模板。建好之后再发布宝贝时只需要选择就可以了，如图8-60所示。

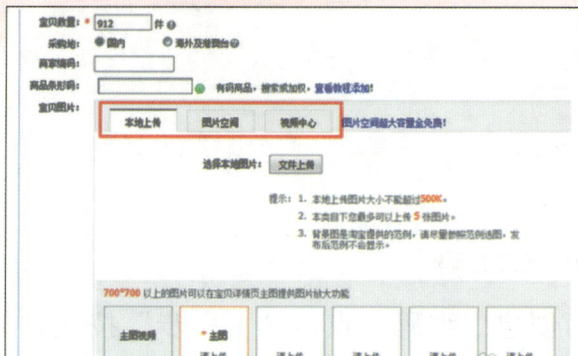

图 8-59　图片空间

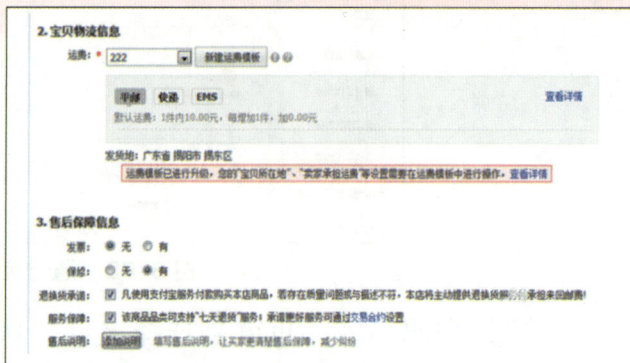

图 8-60　运费模板

8.3.4　手机淘宝的运营推广

随着手机淘宝用户的增多，很多卖家开始重视手机淘宝店铺，移动端已开启卖家的新一轮竞争。大家都知道店铺的运营推广会很大程度上影响到店铺的转化，其实移动推广的方法也有很多，如直通车、官方活动等。这些都是常用的推广方法，不同的推广方法能够吸引不同的消费人群。

1.利用"码上淘"进行手机店铺推广

现在手机上的"二维码"用途很广泛，在一个小小的方块中包含一条链接地址，引导使用者通过扫描设备（如手机）快速进入相应的网址。申请一个二维码是手机店铺必备的，具体操作步骤如下。

（1）进入"淘宝网卖家中心"页面，在店铺管理栏目下点击"手机淘宝店铺"链接，点击右侧"码上淘"下方的"进入后台"图标，如图8-61所示。

图 8-61　"进入后台"图标

（2）进入"码上淘"页面，提示当前使用的淘宝账号，点击"进入码上淘"按钮，点击"创建二维码"展开按钮；创建二维码可以通过工具创建、链接创建及宝贝创建。例如，选择"通过宝贝创建"选项，如图8-62所示。

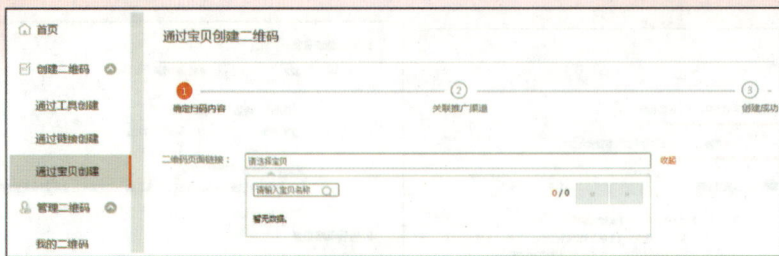

图 8-62　通过宝贝创建二维码

（3）选择扫码内容，也就是选择宝贝，从而创建二维码，点击"下一步"按钮，如图8-63所示。

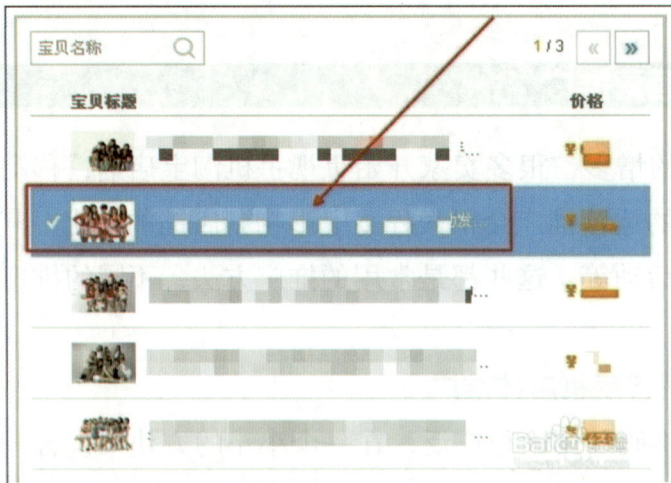

图 8-63　选择宝贝

（4）选中或添加推广渠道，确认后点击"下一步"按钮，如图8-64所示。

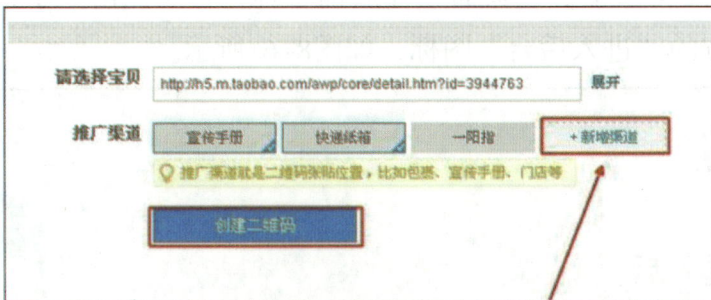

图 8-64　添加推广渠道

（5）二维码创建成功后，在右侧会显示二维码效果，点击"下载"按钮，可以进行下载，如图8-65所示。

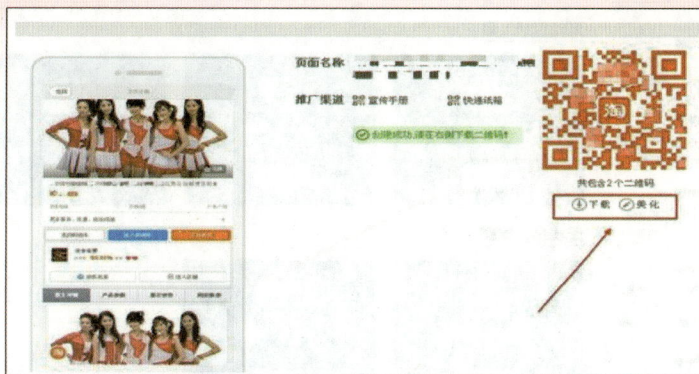

图 8-65 二维码效果

2.设置"手机专享价"

"手机专享价"是一款专门针对手机端下单的促销工具，可实现在手机和计算机上不同的促销价格或折扣。在当前可与聚划算（淘宝店）、美折、天天特价、限时打折、天猫特价宝（天猫店）等所有第三方促销工具叠加使用，支持折上折。并且可以做到交易记录不显示手机专享价，只显示计算机端优惠价或一口价。手机专享价还可以指定享受优惠的人群，目前支持全网用户专享和微淘粉丝专享两类。

通过设置手机专享价，获得更多的手机移动端流量，具体操作步骤如下。

（1）在淘宝网"卖家中心"页面中，点击"营销中心"选项中的"手机营销专区"按钮，如图8-66所示。

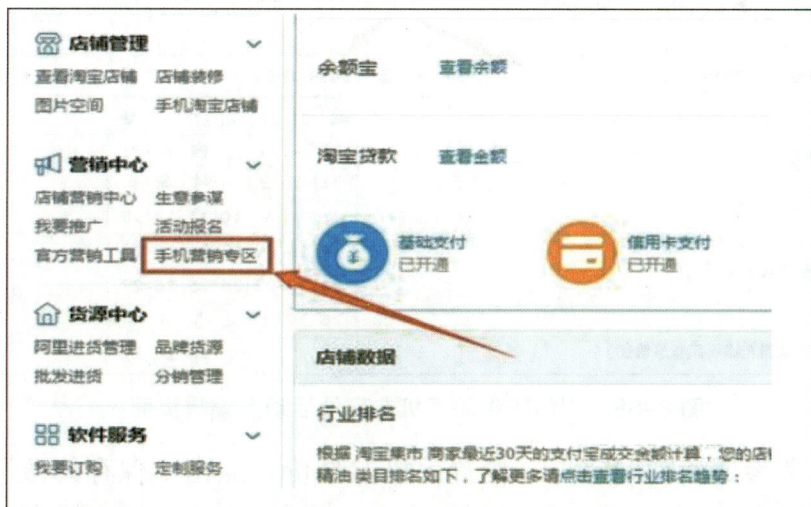

图 8-66 "手机营销专区"按钮

（2）在打开的页面中，点击手机专享价下方的"马上创建"按钮，进入手机专享价页面，点击"创建活动"按钮，如图8-67所示。

图 8-67 "马上创建"按钮

（3）此时，进入"创建移动手机专享价活动"编辑页面，输入活动名称，设置针对的用户及活动时间，点击"确定"按钮，如图8-68所示。

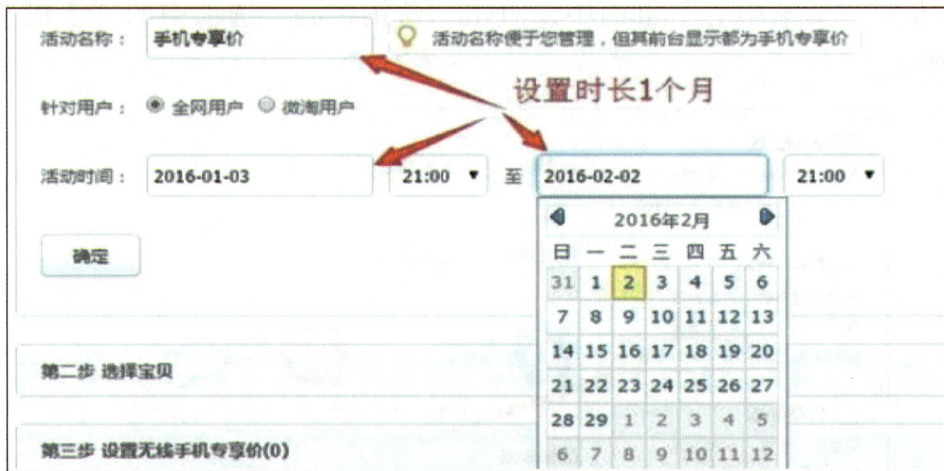

图 8-68 "创建移动手机专享价活动"编辑页面

（4）最后选择要参加活动的宝贝，设置手机专享价，点击"保存修改"按钮，即可成功创建手机专享活动。

3.其他移动端淘宝推广方式

（1）无线端直通车。现在无线端可以单独投放直通车，下面介绍一下竞价的方式，后台显示投放价格等于计算机淘宝站内投放价格，扣费公式为：

下一位的出价 × 下一名的质量得分 / 自己的质量得分 +0.01

其实在这个公式中，如何控制使其扣费变小呢？在公式中能控制的就是自己的质量得分。在除法计算中，分母变化，对结果的影响是最大的。因为下一名的出价不可能无限高，最高就是 99 元。所以在无线端的优化重点还是优化自己的质量得分。在介绍优化质量得分时，先看一下直通车宝贝无线站内投放在哪些位置的。

（2）钻展。钻展是淘宝图片类广告竞价投放平台，依靠图片的吸引而给用户带来巨大的流量，无线端的钻展一共有5个展位，竞价条件最低日预算都是不能低于100元的，最低千次展现价格不等，其创意都要求为一级创意。选择展位的方法可根据日均浏览量和日均点击量的多少来判断，由此可以看到无线淘宝APP的浏览量和点击量是最大的，所以可以优先选择淘宝APP端来尝试投放。

（3）SEO。SEO的方法作为手机端淘宝推广也是非常有效的，把宝贝的标题设置好（如加入一些搜索热词，或者客户常用搜索的关键词组合等），然后再把手机宝贝的描述做好，打开宝贝描述的手机端，设置手机宝贝详情页，即可获得流量倾斜、搜索加权、优先展示的提示。还有淘金币、产品的折扣、手机淘宝的成交量、手机搜索进入店铺的成交率等都影响着权重。

（4）社交平台推广。社交平台推广类似于微博、微信这些聚集着巨大用户的平台，在这些平台上发布一些信息也是一个不错的选择。

8.4　综合演练

1. 下载微店 APP，注册自己的微店，进货并且对图片进行处理，进行店铺管理和商品管理，尝试在校内进行货品交易。

2. 为自己的微店设置有效的营销策略，选择合适的活动。

3. 如果选择网上开店，你会选择什么产品，并列举优势条件。

4. 如果网上开店实际经营，你怎样协调店铺经营和学习的关系？

5. 尝试拍卖和二手闲置等交易流程并记录下来。

6. 在实训商城中建商城，体验建店的全部过程。

9

单元 9
微店初级实训

移动电商的兴起，使当今的商业模式被互联网颠覆与重组，移动用户的爆发式增长，使移动电商行业在短时间内已经超过 PC 电商。移动电商为商家带来了更多的销售机会，也带来了各种各样的移动电商平台，其中微店和手机淘宝是典型的代表。

9.1 移动电商之微店实训

微商越来越普遍，微信朋友圈、QQ 及微博中，随处可见微商的影子，很多人利用闲余时间进行微商活动，那么移动时代中的微商到底是什么样子的呢？

9.1.1 微商的概念

普遍认为，微商是企业商家或个人商家在移动社交平台上开设的新型电商，但随着时代的进步和发展，微商的定义也将越来越广泛化和多元化，其移动端平台也会越来越多样化，在移动平台上的营销方式也将呈现百花齐放的景象。

目前，微商有两大类：基于微信公众号的 B2C 微商和基于微信朋友圈开店的 C2C 微商，除此之外，以微博、QQ、微商城和各种微网站 APP 为平台的微商也越来越广泛。

各类移动 APP 中的微商活动与 PC 端相比，具有明显优势，如图 9-1 所示

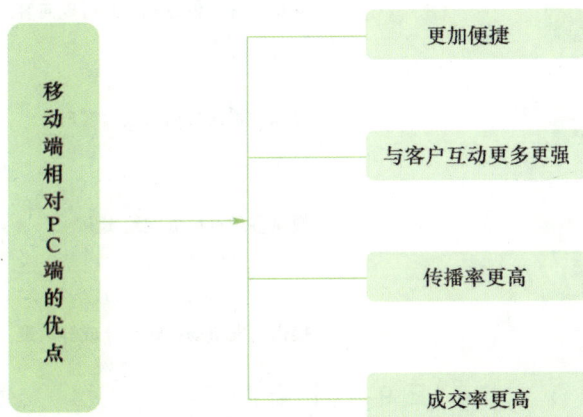

图 9-1 移动端相对 PC 端的优点

在各类微网站 APP 中搭建微网店的基本流程是类似的，如图 9-2 所示。

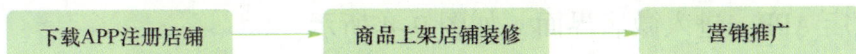

图 9-2 搭建微网店的基本流程

9.1.2 微店的开店流程

1.微店的优势

微店是一款帮助卖家在手机上开店的 APP，微店主要通过店主和客户之间的联系渠道进行

交易，需注意店主和客户之间的长期情感培养。在众多微商移动平台中，微店的优势十分明显。例如：

（1）开店门槛低，不收取任何手续费。

（2）支持支付宝、微信、储蓄卡、信用卡等多种付款方式，快捷方便。

（3）支持目前最常用的手机系统平台，系统要求低，适用于大多数智能手机。

（4）微店界面设计简洁便利，包括以下功能，如图9-3所示。

商品管理	添加、编辑商品，操作简单，提供商品分析
订单管理	卖家、买家订单管理信息，短信免费追踪
销售管理	查看一个月内的销售情况
收入管理	轻松查看每一笔收入和提现记录
客户管理	可以查看客户的收货信息、历史购买次数
支付管理	支持多种支付方式，且可以向客户发起收款
促销管理	可以设置优惠活动吸引客户
推广管理	提供多种推广方案给卖家
货源管理	提供批发市场、转发分成等政策

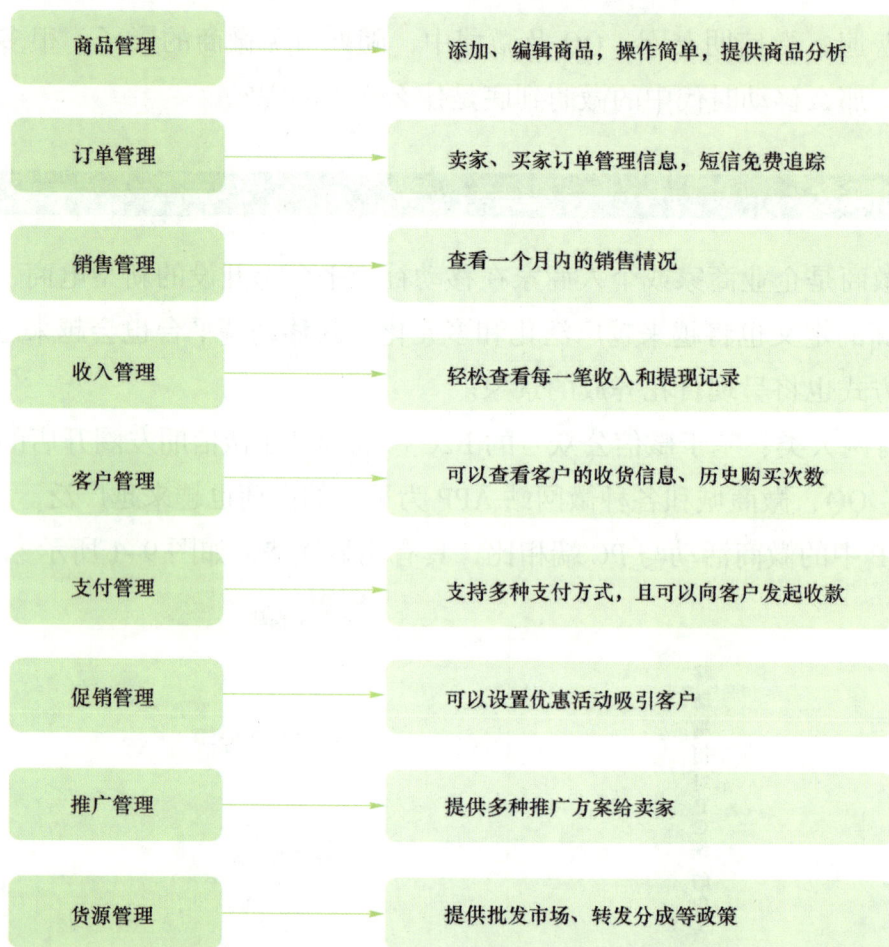

图9-3　微店的功能

2.微店的开店流程

（1）安装注册。

①下载安装微店APP，进入微店界面，如图9-4所示。

（a）

（b）

（a）下载；（b）进入微店界面

图 9-4 下载安装并注册微店

②点击"注册"按钮，注册成为卖家，设置头像，开通担保交易，如图 9-5 所示。

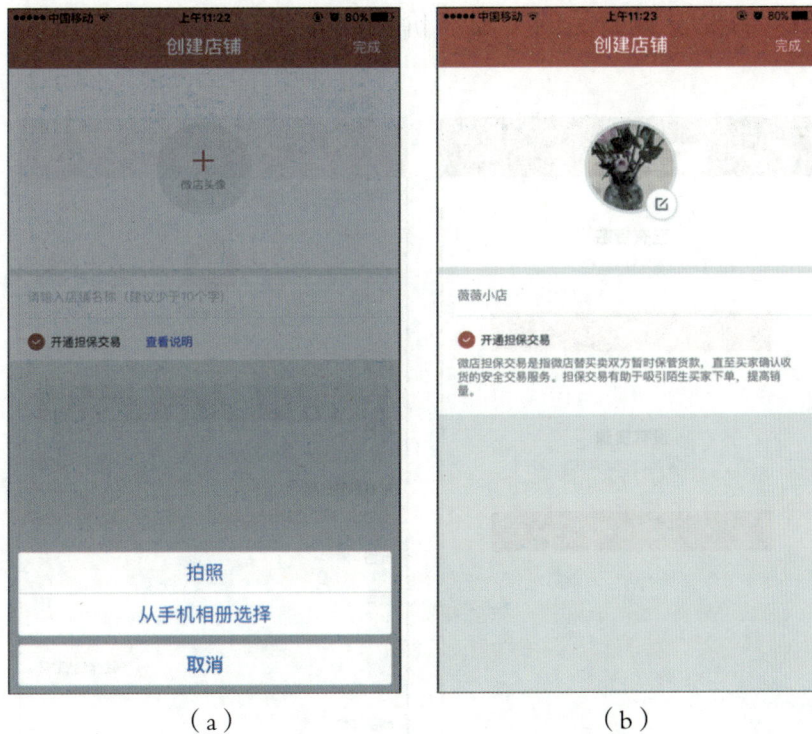

（a）

（b）

（a）设置头像；（b）开通担保交易

图 9-5 设置头像和开通担保

③完成实名认证，创建店铺，如图 9-6 所示。

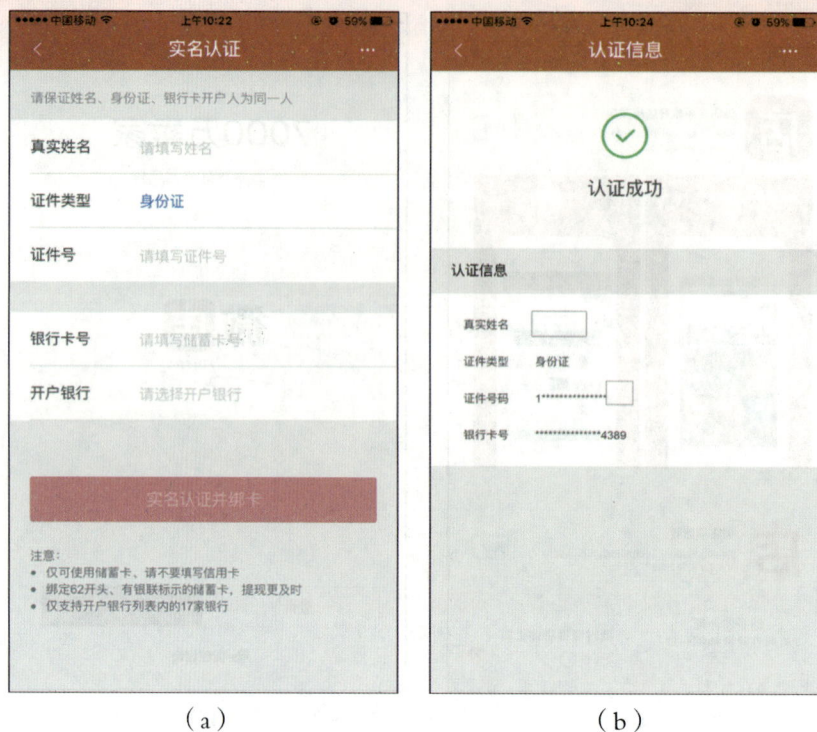

（a）实名认证；（b）认证成功

图 9-6　实名认证成功

（2）添加商品。商品图通过手机软件或经过PC端处理后，保存在手机中，然后就可以添加商品，上传过程中，需要设置商品的类目、价格、库存、商品详情、分类等信息，如图9-7和图9-8所示。

（a）添加商品；（b）设置商品信息

图 9-7　添加商品

（a）　　　　　　　　　　（b）

（a）设置商品信息；（b）上传图片

图 9-8　设置商品详情

　　添加商品的同时填写商品描述、价格、库存，选择类目、商品详情时可图文表格即使用，对商品进行详细的分类，成功添加商品，可以直接通过社交平台对微店和商品进行推广，如图9-9所示。

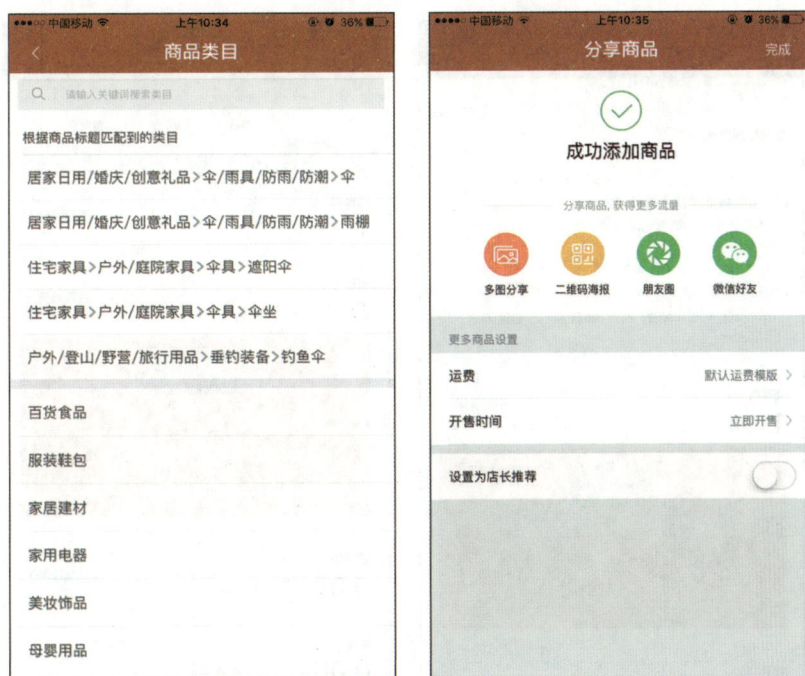

（a）　　　　　　　　　　（b）

（a）商品类目；（b）分享商品

图 9-9　添加成功并分享商品

微店为卖家提供了"商品数据分析"功能，可以教会卖家如何利用商品数据，如何根据数据选择上架新品，提供 7 日、30 日、90 日、自定义时间内的商品销量、访客数、成交额、成交转化率；同时，可以清晰地表现以上数据的趋势，如图 9-10 和图 9-11 所示。

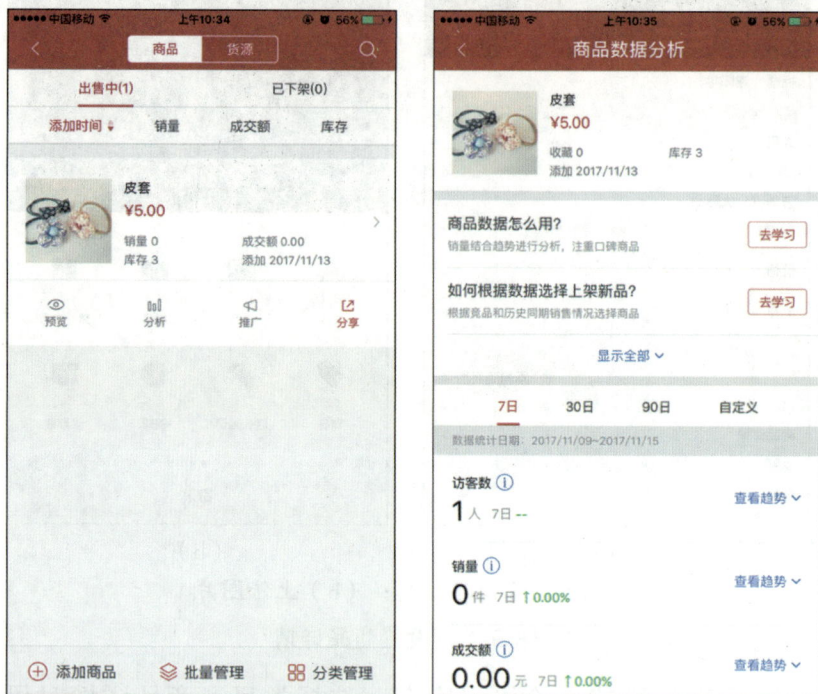

（a）　　　　　　　　　　　（b）

（a）商品数据；（b）数据分析

图 9-10　"商品数据分析"功能

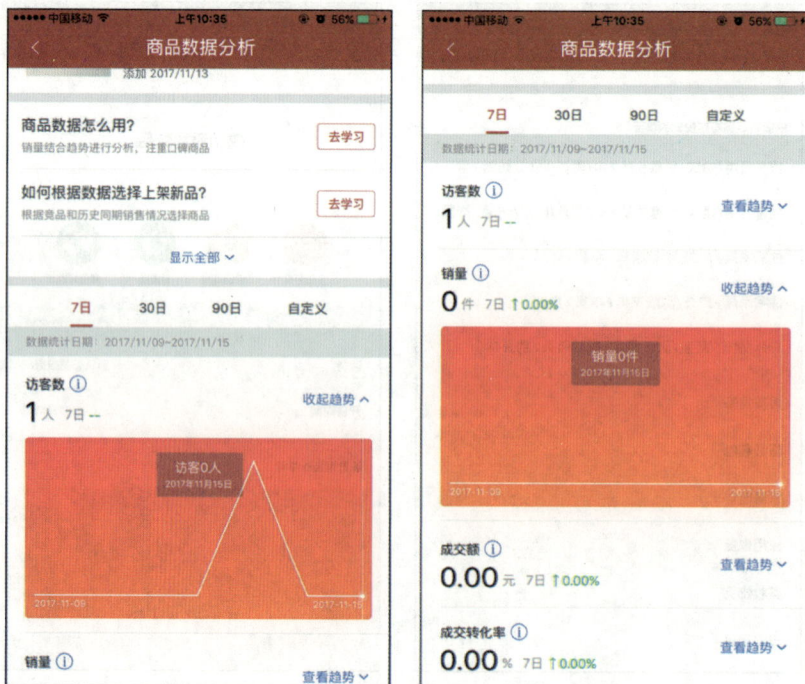

（a）　　　　　　　　　　　（b）

（a）数据趋势整体分析；（b）7 日数据趋势

图 9-11　数据趋势

微店为商品提供了"推广"功能，如限时折扣、满减、秒杀、优惠套餐、拼团、微客多等多种多样的推广活动，如图 9-12 所示。

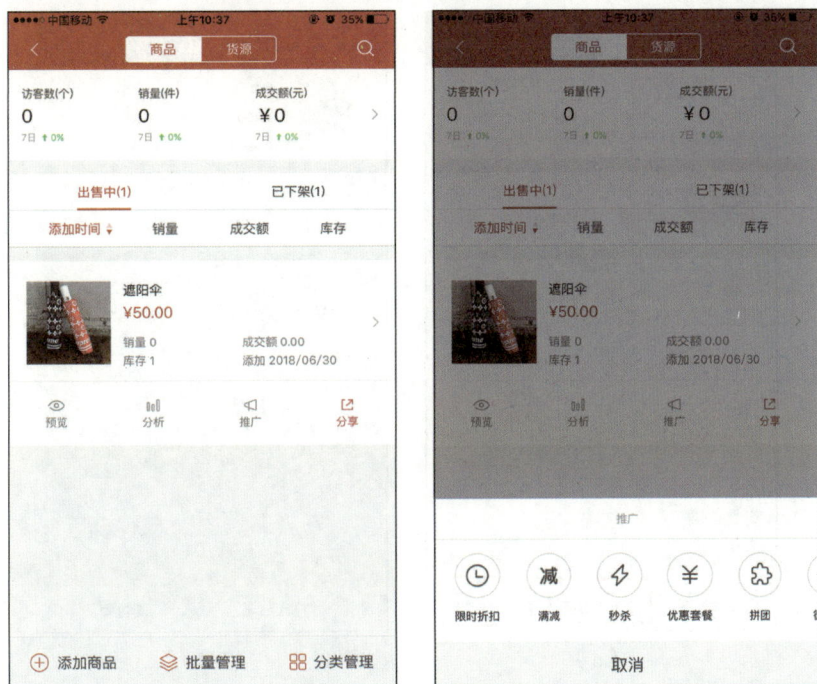

（a）　　　　　　　　　　　　（b）

（a）选择要推广的产品；（b）推广功能

图 9-12　微店推广

商品添加成功后，可以一键分享到微信朋友圈、QQ 空间、新浪微博等各大社交平台，可分为多图分享和二维码分享，自动生成微店商品海报及微店二维码，如图 9-13 所示。

（a）　　　　　　　　　　　　（b）

（a）分享方式；（b）生成海报

图 9-13　一键分享

（3）商品管理。在添加大量商品后，可以对商品进行管理，分为"批量管理"和"分类管理"，进行排序和重新分类、下架等操作，如图9-14所示。

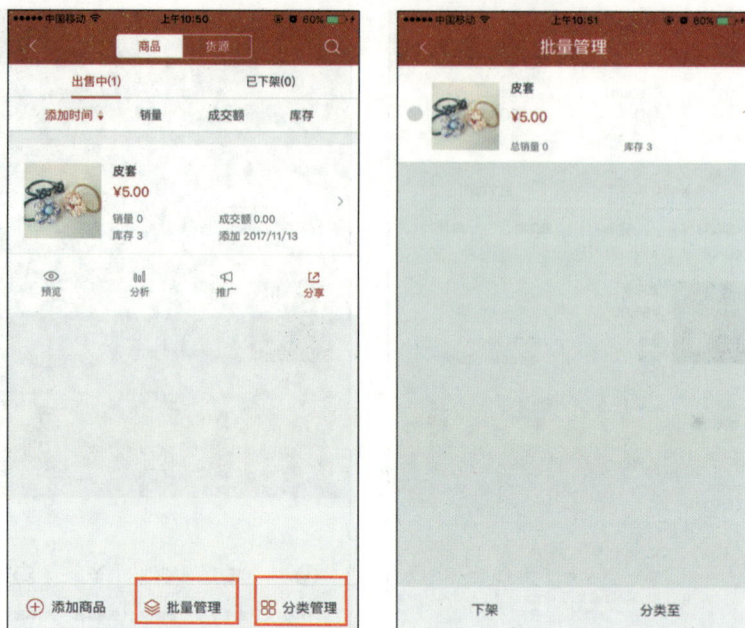

（a）　　　　　　　　　　　　　（b）

（a）商品管理选项；（b）批量管理

图 9-14　商品管理

（4）货源管理。如果利用微店经商，没有实货货源，可以通过"货源"功能进行代理，在货源中寻找自己需要的货源，选择好商品后，点击进入货源详情，可以点击"我要代理"按钮进行分销，实现一键代理，如图9-15所示。

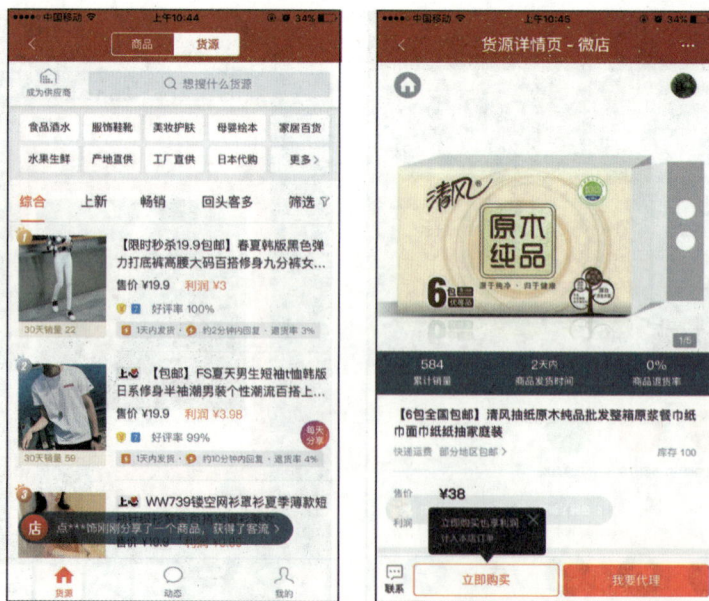

（a）　　　　　　　　　　　　　（b）

（a）货源；（b）我要代理

图 9-15　货源管理

在"分销商品管理"界面可以对自己分销的商品进行管理，也可以与货源卖家进行联系，并且可以进行图文推广及取消代理、改价等功能，如图9-16所示。

（a）　　　　　　　　　　（b）

（a）管理分销商品；（b）具体操作

图9-16　分销商品管理

（5）店铺装修与管理。微店为卖家提供了很多模板来进行店铺装修，在"装修市场"中可以选择模板等内容重新设计自己的微店，如图9-17所示。

（a）　　　　　　　　　　（b）

（a）装修；（b）选择模板

图9-17　装修市场

①首先可以选择模板，点击"应用到店铺"按钮即可，如图9-18所示。

（a）选模板；（b）应用

图 9-18　店铺装修

② "素材中心"可以一键为商品生成精美的海报，如图 9-19 所示。

（a）素材中心；（b）生成海报

图 9-19　素材中心生成海报

③ "编辑菜单"功能可以对菜单进行设计，如图 9-20 所示。

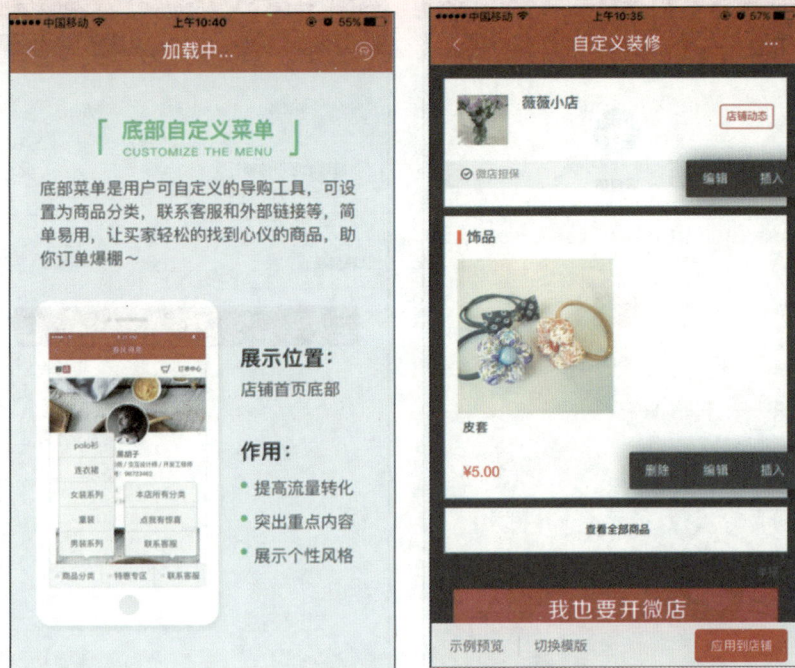

（a）　　　　　　　　　　　（b）

（a）自定义菜单；（b）自定义装修

图 9-20　编辑菜单

在微店的"打理店铺"面板中，可以设置外卖助手，进行外卖设置，如图 9-21 所示。

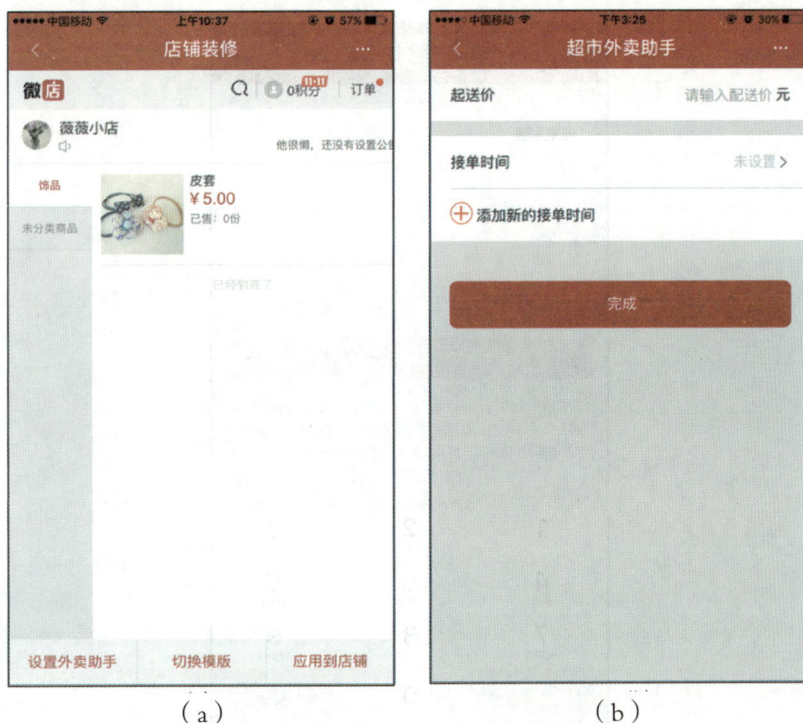

（a）　　　　　　　　　　　（b）

（a）打开店铺商板；（b）外卖设置

图 9-21　打理店铺设置外卖助手

在微店的"店铺活动"面板中，可以设置满包邮和满减活动，如图 9-22 所示。

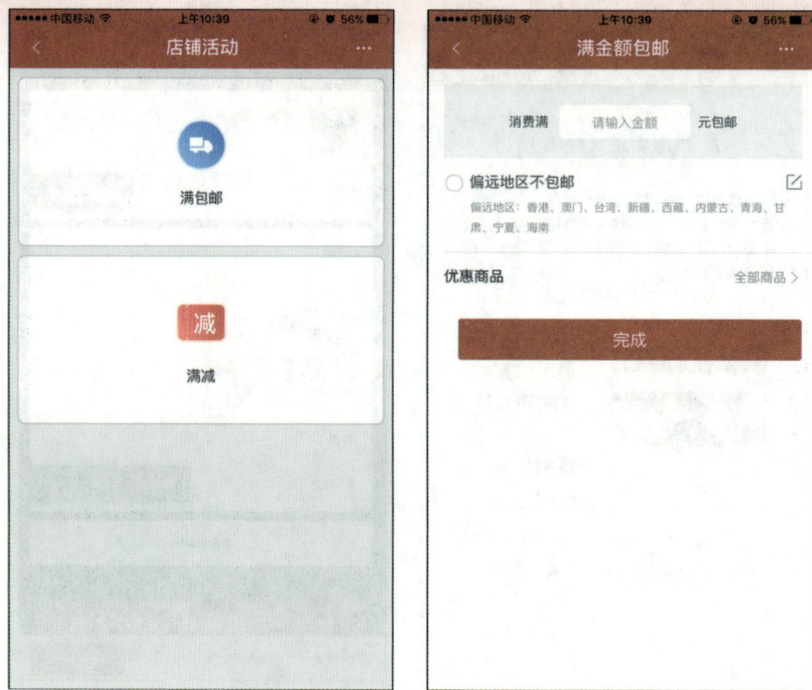

（a）活动分类；（b）满包邮

图 9-22   店铺活动

在微店的"微信收款"面板中，可以实现卖家向买家发起收款，如图 9-23 所示。

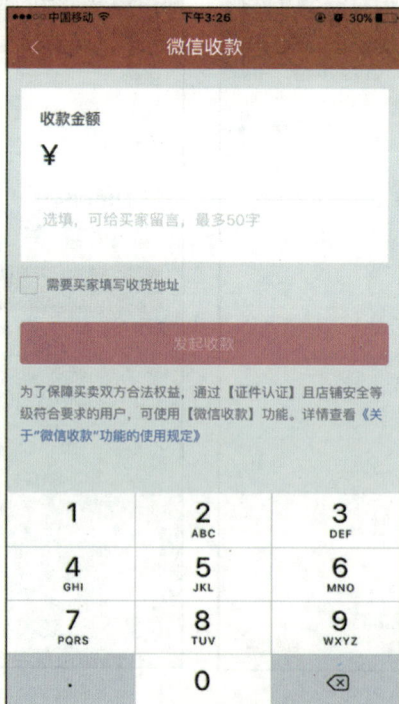

图 9-23   "微信收款"面板

（6）交易设置。微店为卖家提供了方便快捷的交易设置，在交易过程中有运费设置、减库存方式、自动确认收货时间、直接到账、货到付款、退货保障、同城配送等功能，如图9-24所示。

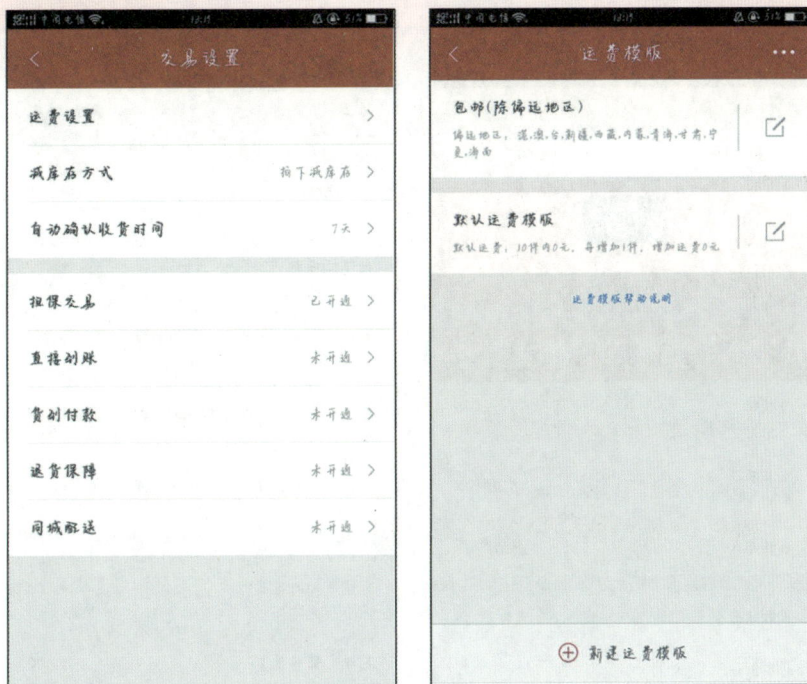

（a）交易设置；（b）运费设置

图 9-24　交易设置

（7）订单管理。在"订单管理"面板中，可以清楚地看到卖家进行中、已完成和已关闭的交易情况，如图9-25所示。

（a）订单管理；（b）订单详情

图 9-25　订单管理和订单详情

在"我的收入"面板中，可以清晰地看到卖家7天、30天的每一笔收入情况和提现记录，如图9-26所示。

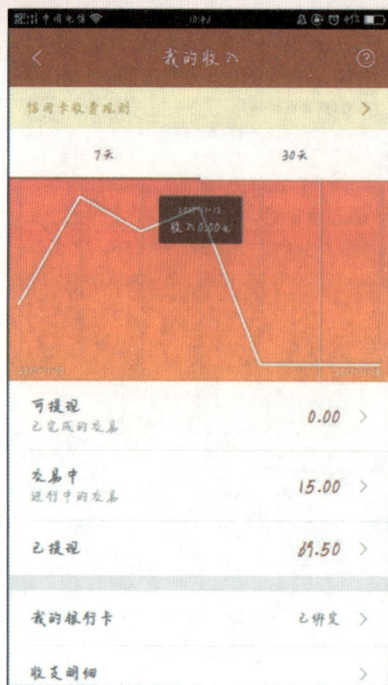

（a）　　　　　　　　　　　　（b）

（a）收入情况；（b）收支明细

图 9-26　我的收入和收支明细

　　买家扫码二维码进入微店选择商品直接购买，付款后，卖家发货后，买家会收到免费短信提醒发货，然后可在微店买家端查看物流信息，收到货后可以确认收货，并进行评价。最后，卖家的订单管理中会显示"交易完成"，如图 9-27 所示。

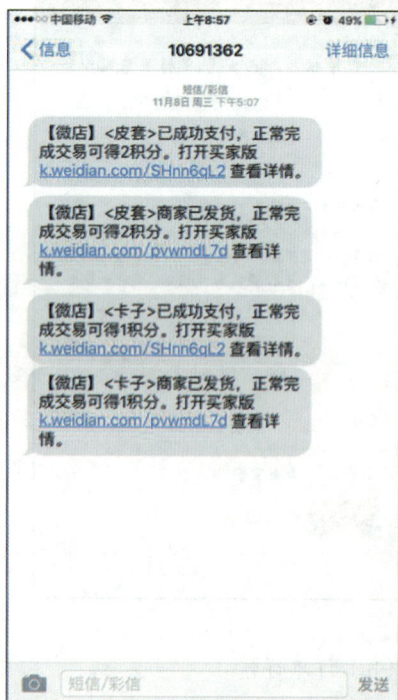
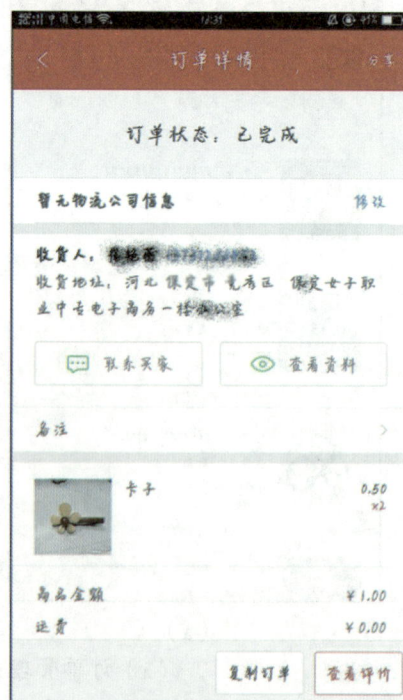

（a）　　　　　　　　　　　　（b）

（a）短信提醒；（b）订单详情

图 9-27　提醒发货和交易完成

（8）推广管理。微店为卖家提供了多种多样的推广活动，获得新客、营销工具、推广服务等，如图9-28所示。

（a）　　　　　　　　　　（b）

（a）推广；（b）优惠券

图 9-28　推广管理

9.1.3　微店商业运营策略

移动电商时代已经来临，采用什么样的营销方式才能成为最有效的移动电商，这是值得思考的问题，下面首先介绍移动电商常用的营销策略。

1.打造良好的口碑，利用移动工具快速传播

电商行业普遍存在产品是否可靠和假冒伪劣商品泛滥的问题，由于网络的虚拟化，卖家买家信息的不对称，部分卖家利用伪劣产品谋取暴利，使得公众对电商产品质量产生一定程度的质疑和排斥，因此，打造良好的口碑，是在竞争激烈的电商行业中生存发展的一把利剑。同时，口碑的传播速度也在激烈的电商大战中起到至关重要的作用。

（1）保证产品质量是打造良好口碑的基础。

（2）移动用户对于纯广告类的营销方式已经产生排斥，所以，高质量产品的使用体验通过移动工具、社交平台在亲人、朋友中不断分享，当分享达到一定数量级时，良好的口碑就形成了。这种方式更加亲民，可信度更高，营销更有效。

（3）口碑的传播速度尤为重要，适当的制造关于产品的话题可以加速传播速度，关键是要让话题具有影响力和传播力，同时要让话题合情合理不让人排斥。

（4）口碑传播使用的常见工具是大众使用较多的社交平台软件，如微博、QQ、微信群、朋友圈、论坛、贴吧等。

（5）口碑的打造与传播要及时吸引消费者的注意力，所以需要快速地抓住消费者的"痛点"制造"爆点"，制造话题引起关注。

下面来看一个实例，本地口碑较好的一家私房菜馆的公众号发布的营销方案，如图9-29所示。

（a）方案一；（b）方案二

图9-29　营销方案实例

首先这家私房菜馆的环境吸引人，很有格调，私房菜品质有保障，这就形成了良好口碑的基础，在口碑传播方式和速度上，营销方式根据节日和菜式不断突出"爆点"，引起话题，文字方案也能迅速吸引消费者的眼球。在传播工具上，除了公众号、大众点评及本地新闻外，定期还会有各种优惠活动，顾客在朋友圈转发该店文艺特质的营销方案，可以得到各种优惠，也促进了该店良好口碑的传播。

2.利用视觉上的冲击，吸引消费者的眼球

（1）创意无限的视觉方案，才能迅速吸引消费者的眼球，可以大大激发消费者的探索兴趣，实如图9-30所示。

图9-30　视觉方案实例

（2）文字方案要抓住产品的卖点，消费者的"痛点"，给消费者安全感、舒适感，更要通过文案抓住消费者的情感，使之产生共鸣，激发消费者的兴趣，如图9-31所示。

图 9-31　文字方案实例

3.给予消费者更多的体验

给予消费者更多的体验能够更快速建立良好的口碑，增强消费者对产品的信心，大大促进营销的成功率，而且这种体验式的营销方式也渐渐成为电商营销的重要趋势，这就是O2O模式。比较典型的案例就是著名的"苏宁云店"，如图 9-32 所示。

图 9-32　"苏宁云店"线下体验店（1）

苏宁云店通过线下实体店给予客户更多的体验感受，实现更为密切的交流活动，苏宁云店被称为"可以玩上一天的生活驿站"，将体验化做到了极致。在体验过程中，大大增强了用户对产品的信心和购买欲望，需要购买的顾客可以通过手机扫码二维码即可快捷购买。这种营销模式会给商家带来意想不到的惊喜，如图 9-33 所示。

图9-33　"苏宁云店"线下体验店（2）

4.微店推广策略与流程

（1）选择推广渠道。商品推广可以选择两种渠道，如图9-34所示。

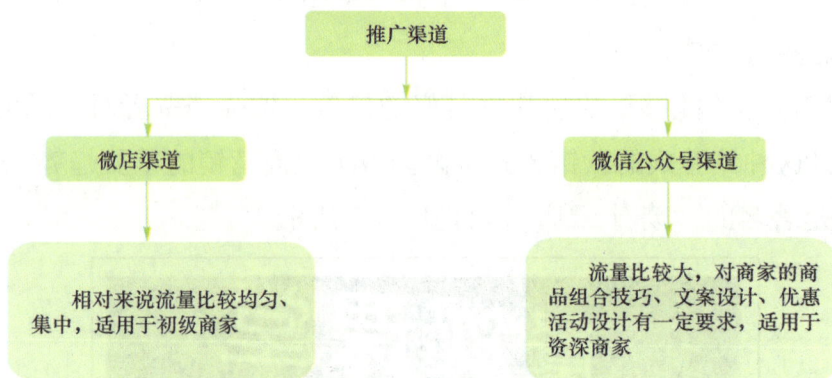

```
推广渠道
├── 微店渠道 ── 相对来说流量比较均匀、集中，适用于初级商家
└── 微信公众号渠道 ── 流量比较大，对商家的商品组合技巧、文案设计、优惠活动设计有一定要求，适用于资深商家
```

图9-34　推广渠道

（2）选择推广商品。从不同渠道选择推广商品，如图9-35所示。

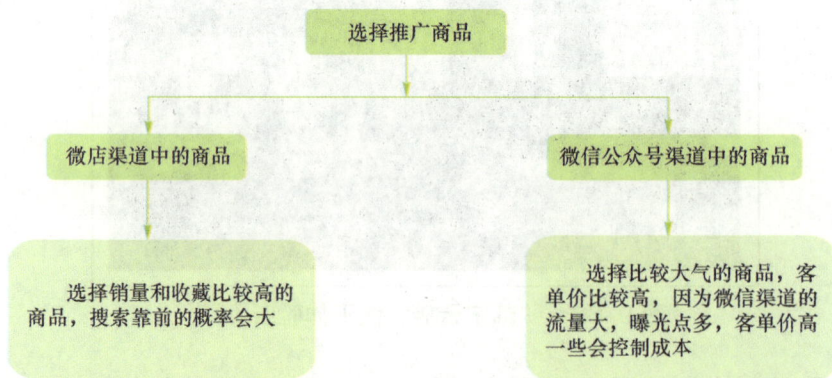

```
选择推广商品
├── 微店渠道中的商品 ── 选择销量和收藏比较高的商品，搜索靠前的概率会大
└── 微信公众号渠道中的商品 ── 选择比较大气的商品，客单价比较高，因为微信渠道的流量大，曝光点多，客单价高一些会控制成本
```

图9-35　选择推广商品

（3）设置推广计划。关于计划设置：把相同属性的商品放在同一个计划中，类似的计划名称有"长袖T恤"专属计划、"双十一大促"专属计划等。

关于点击单价：一般系统会给出最低价，如果商品相对有优势，在大促期间提高竞争力，可以点击单价尽量高一些，如最低出价1.5元，建议设置2.5元。

关于每日限额：计划每天最多花费的推广费用限制，备战大促期间，建议每个商品都给出100元每天的推广费用。

关于推广时间：建议 8:00–22:00。

注意，备战大促的推广计划，应与日常推广计划区分开，如点击单价的设置可以高于日常推广计划，每日限额适当增加，推广时间在双节期间可以延迟至 24:00 点。

（4）让商品更有竞争力。

标题：商品标题 = 卖点 + 商品名称 + 基本属性 + 规格，编写标题要非常明确可以看出商品本身，稍加"卖点"描述，让买家产生购买欲望。

主图：商品主图要美观大气，这样在类似商品中才会存在一定的优势，主图做好，点击才不会少。

价格：商品性价比一定要高，这样在相似商品中才会存在一定优势，价格有优势，竞争才能变小。

详情页：商品详情要完善，如鞋子，要有材质说明、尺寸表格、细节图、试穿图、发货说明、优惠政策等。

注意，店铺设置一些不同等级的优惠券，至少要有一个无门槛的，商品尽可能包邮，客服在推广期间尽量保持在线，积极联系未付款的用户，也可以电话联系未付款的原因，促进成单，已经成单的用户，售后一定要做好，以形成复购。

（5）商家推广经典案例。"新娘亿思他家纺"主营项目为床上用品，推广周期为7天，店铺访问量从10个提升到2 200个以上，商品收藏由0提升到了8个，店铺订单从月均20单提升到了100单以上，如图9-36所示。

（a）   （b）

（a）数据报表；（b）商品评价

图 9-36 商家推广案例

引流推广店铺的数据分析结果如下。

①刚做推广的第一周，店铺访问量 10 个左右，提升到了日访问量 2 200 个以上。

②商品收藏，由 0 提升到了 8 个左右，并且推广的商品带动店铺其他商品的收藏访问。

③店铺订单，从月均 20 单提升到了月均 100 单。

④订单总额，从月订单金额 1 500 元提升到了月订单金额 7 500 元以上。

⑤店铺优惠券月均领取有 5 个提升到 30 个以上。

无论是商品推广还是活动推广，推广结束后还会有持续不断的收藏和访客流量，从而间接带来购买。推广中形成的潜在用户变成了实实在在的成交用户，这一点不容忽略。

网上开店实用技巧

技巧1：防范进货陷阱和骗局

网络进货与批发市场进货相比是有差异的，因为网络毕竟存在着一定的虚拟性，所以选择商家时一定要谨慎小心，选择比较可靠的商家进行交易。在网络上批发进货时应注意如下事项。

（1）注意批发商提供的地址。

一般来说，批发商会有一个固定的地址，如果是个人供应商，那么进价可能就要贵一些。所以网上还是公司批发商居多。而他们都会有一个固定的地址，可以在百度或其他搜索网站搜索一下，这样可以找到更多的信息，仔细查看有没有漏洞，如是否和供应商提供的公司名称相符等。

（2）观察网站的营业资格。

一般的骗子网站都没有营业执照，可以要求其出示营业执照等证明。但是需要注意的是，一些比较高明的骗子网站也会用图片处理软件伪造一份营业执照，在观察营业执照时，需要仔细辨认，查看是否有涂改痕迹；而正规的注册公司网站则会主动出示他们的营业执照，可以去各地的工商部门官方网页查询。不是所有地区的工商部门官方网站都可以查询，可以打电话到当地的工商部门查询。

（3）注意批发商的电话号码。

电话号码也可以很好地查出很多问题。首先，可以直接打批发商所在城市的114查询这个号码的归属；其次，也可以去网上搜索这个电话号码，这样就能发现问题，如这个电话对应的公司名称、公司地址等。

（4）注意批发商提供的网址。

如果供应商有自己的销售网站，那么就要仔细查看了，可以多研究网站中的商品，然后提问题，通过询问，也可以了解一些，如果提出来的问题没有办法好好回答，那么其真实性就很值得怀疑了，但也存在很多训练有素的骗子，所以提问题时，一定要问详细一些，是骗子总会有漏洞的。

（5）注意批发商提供的汇款途径。

如果用户从网络进货，一定会存在汇款等问题。用什么方式汇款，也是可以查到很多疑点的。一般来说，正规实体公司进行网络批发时，提供的应是公司账号，而不是个人账号。另外，多与供应商洽谈，有的供应商也是同意通过支付宝汇款的。还有一种方法，就是选择快递公司的货到付款服务。

（6）网站是否支持上门看货。

如果不能支持上门看货，那就要先考虑一下这个商家是不是骗子公司。当然有些公司由于代理数量比较多，可能会对上门看货提出一定的要求，如有的公司会要求必须一次性批发50件并预交定金之后才支持上门看货，一是为了最大限度地优化客服工作程序，二是最大限度地保证对每一位经销商的正常服务，这样的要求也是可以理解的，因此在是否支持上门看货上，还需要大家更加仔细地辨别、分析，不能一概而论。

（7）要看网站的发货速度。

有些网站的发货速度非常慢，可能下了订单之后两三天甚至五六天才发货，严重影响了客户对卖家的信任，造成了客户资源的流失，所以在选择批发网站时，一定要看网站对发货速度的承诺，发货以后还要看网站是否支持退换货，有些网站以次充好，或者在产品发生质量问题时以各种理由搪塞并拒绝退换货，这也是需要注意的。

技巧 2：使用手机给商品拍照的技巧

手机的照相功能越来越强大，不过要想使用手机拍出高品质的照片，也要掌握一些技巧。

（1）选准焦点。

不同的焦点，能营造不同的效果。选择焦点时，应使被拍摄对象处于画面中间，一般情况下应该选取画面上最吸引人的部分。

（2）注意光线。

光线充足，拍摄效果才好。调整拍摄角度，注意观察光线的照射方向，尽量使被拍摄物体能自然地被光线照射到。

（3）持稳拍摄。

手机照相的延迟现象比较明显，在按下快门的瞬间如果手出现抖动，拍出的照片就会模糊不清，所以在拍摄时一定要持稳手机，同时在按下拍摄键后一定要停顿一下，稍等一两秒再看拍摄效果。

（4）随拍随设置。

一般手机的内存都不大，装不下多少照片，最好随时拍摄随时挑选，并注意调整图像分辨率。

技巧 3：宝贝上架的黄金法则

众所周知，宝贝上架时间对销量有相当大的影响，那么，宝贝上下架应掌握哪些法则？

（1）把握好轮播元素。

自 2011 年淘宝分拆后，淘宝网和天猫有了各自的战略方向，相应地，搜索元素也有一些差异和调整。例如，时间轮播元素，在天猫搜索中变成无效，仅在淘宝网的"所有宝贝排序"中有效，产品到了下架时间不会被系统下架到仓库，而是重新计算有效期。

所以，要将产品根据买家来访时间进行平均分布与陈列，尽量在访客多的时间段保证自己的产品可以展现在前面。

（2）研究买家访问时间。

需要获取的是买家访问时间，查看什么时候访问人数最多。这个数据可以通过数据魔方的用户来访时间获取。如果卖家经营的有多个品类，就选取商品数最多的两个品类进行统计。

通常，一天内有几个时间段访问量较大：10:00-12:00、13:00-17:00、20:00-23:00，总计9小时。如果产品下架时间可以安排在这些时间段，获得流量的概率将会加大。

还有一个问题是，周一到周五与周末的买家访问人数是否真的存在差距？通常情况下，大多数卖家都能感受到周末买家较少，是因为周末多数人休息，逛淘宝就少，周末两天的流量与周一到周五的差距是比较大的。为了让产品尽量获得更多流量，建议把上下架时间集中安排在周一到周五，周六周日两天合并为一天对待。

经过以上分析，可以获得两个数据指标：将一周按6天等分，1天内访客较多的时间段有9小时。

（3）合理安排上架产品。

计算每日上架产品数：根据之前的平均分配方法，首先计算出每天分配多少产品上架，根据产品总数和实际一周分配天数进行计算，即总产品数÷天数＝每日上架产品数，如果有324个产品，就是用324÷6=54，得出一天应该上架54个产品。

管理分配品类：根据计算可以先得出一张表，将每天的宝贝品类上架数进行合理分配。因为周六周日视为1天，所以实际情况是54÷2=27，即周六周日分别上27个产品。

卖家可以根据实际情况对品类分配进行调整，如某卖家发现摄像头周末的购买力远大于周一至周五，则可以将摄像头的上架数主要调整到周六周日，这里只要保证每天上架的产品总数即可。

（4）产品上架时间要准确。

计算每小时上架产品数，同样按照平均分配法，计算每天每小时需要上架的产品数，以及上架间隔时间，每天上架产品数÷每天上架小时数＝每小时上架产品数，得出54÷9=6；60分钟/每小时上架产品数＝上架间隔时间，得出60÷6=10。最终算出，每小时上架产品6个，间隔时间为10分钟。

（5）分配产品数量。

产品只有在即将下架的时候才会获得优先展现的机会。也就是期望产品在10点有优先展现机会时，产品的实际下架时间需要设置在10：10。如果将产品设置在10点下架，则产品的优先展现时间会是9：50左右，即实际上架时间要比期望展现时间有所延迟。

根据上架表可以扩展到每天每小时具体上架产品的安排，这样可以让运营人员有一个很明确的执行清单。同时，卖家也可以根据自身产品销售策略的不同，在这个范围内调整产品上架顺序，如一天内，鼠标的主要成交时间段在上午，则可以把其他品类的产品调整到当天的其他时段，让鼠标集中在上午呈现，这里需要遵守的是已计算好的总上架产品数和相应的时间节点。

技巧4：手机丢了，支付宝钱包的安全补救方法

手机安装支付宝，就能足不出户进行购物、还款、理财，如此方便快捷，自然成了众多用户的首选。然而，手机安装支付宝，就等于把自己的财产交给了手机。一旦手机丢失，支付宝是否也会失窃？财产是否也会受到损失？

一般情况下，要进入手机上的支付宝账户，需要破解手势密码或登录密码，然后找回支付密码，而支付密码的找回要经过双因子验证，包括"通过手机校验码＋安全保护问题""通过手机校验码＋已存快捷卡号""通过手机校验码＋注册证件号""安全保护问题＋电子邮箱"等，并不是简单地通过手机短信就能完成的。

此外，支付宝还以保险的形式为用户提供资金保障最后一道保护。

首先，拨打95188进行挂失，冻结账户；其次，联系运营商挂失、补卡。安装了新版支付宝钱包，可以多个手机使用一个账号。丢失手机的用户，可以用另一个手机登录支付宝，把丢失的手机信息删除，使之无法使用。用户也可以在丢失手机的第一时间，在计算机上登录支付宝，在账户设置栏目中，关闭无线支付保护账户安全。

为了提高手机支付宝的安全性，用户应到官方网站下载支付宝软件。在日常的使用中，可以先在手机上设置好开机密码，而在使用完手机支付宝之后，要先退出，然后再次进入登录界面，清除之前的登录账号信息等。并养成定期修改支付宝登录密码、支付密码等好习惯。

技巧5：店铺装修技巧

卖家在店铺装修时要注意以下技巧。

（1）风格要统一。

店铺设计风格要与主营产品相符，针对不一样的消费群体店铺所用的主题模板就要不同。例如，女装类的店铺就可以用插画、时尚可爱、花边等风格；男装类就可以用黑白搭配、有金属感的设计风格；童装更适合卡通类的风格。

不仅产品和店铺风格要相符，而且店铺的整体风格也要一致。从店标到主页的风格再到宝贝详情页最好采用同一色系，同样的元素，使店铺有整体感。风格不统一是网店装修的大忌。需要注意的是，在分类栏、店铺公告等地方也要考虑整体性，不要一会儿搞笑卡通，一会儿粉红浪漫。

（2）色彩的合理使用。

在店铺装修中，色彩的合理使用也是非常重要的，好的色彩可以提高宝贝的水准也可以提高顾客的购买力。夏季可以使用冷色系，让买家有清凉感，冷色系也有端庄肃穆的感觉，同样适合男装店铺使用。暖色系一般会让人产生亲近感，如红色、黄色等，这些比较适合年轻人群

的店铺，红色系中的粉红色、鹅黄色等颜色是女生比较喜欢的，对销售女性用品及婴幼儿用品的店铺而言是比较适用的。

（3）主图要突出。

店铺装修得好，确实能够吸引买家的眼球，但毕竟是销售宝贝的，而不是秀店铺的，别让店铺装饰抢了商品的风头，切忌太花哨。

（4）添加背景音乐的利弊。

添加背景音乐是一个比较有争议的问题，有些买家因为喜欢背景音乐而来光顾店铺，而有些买家则会因为不背景音乐而离开。音乐文件大小也是一个问题，太大会影响页面打开速度。

（5）避免图片使用得太多。

新手卖家可能会觉得店铺图片越多越好看，这其实是一个误区，图片太多、太大就会影响打开页面的速度，这也是实体店和网店的差异，开网店考虑的因素和实体店考虑的不同，因此，网店装修要把握好度。

技巧6：客服与顾客沟通的技巧

客服在与顾客谈话中，说话要有技巧，沟通要有艺术，良好的沟通可以使顾客再次购买产品。

（1）换位思考。

在与顾客的沟通过程中，客服不要把自己摆在"我是卖家—销售者"的位置上，要把自己当作是一个顾客，或者说把自己当作是顾客的朋友，这时候客服的思路才能真正贴近于顾客，才知道怎样去讲解商品。只有站在顾客的角度来考虑问题，才知道怎么引导顾客，客服的观点、客服的讲解才能得到顾客的认同。很多顾客在转变成卖家时，都会深有体会，多些宽容和理解，以和为贵，做好沟通才能双赢。

（2）使用礼貌的沟通语言。

"礼貌先行"是交朋结友的先锋，有句古话：要想得到别人的尊敬，首先要尊敬别人。与顾客沟通时要给顾客留下好的印象，让顾客愿意同自己沟通，所以，客服必须表现得谦虚有礼，热情有度，建立和谐友好的气氛。

在顾客咨询的过程中，一定要习惯用上"您好，欢迎光临小店！"（"您"这个称呼一定习惯用上，假如使用"你"的称呼，会让顾客感觉非常不舒服）、"亲，您好""您请稍等，我看下库存有没有货""不好意思""抱歉，请您谅解"等礼貌语。礼貌热情回答是首要，在此基础上巧用千牛表情。聊天工具中的表情是客服与顾客沟通的好帮手，它能很快地制造出轻松的气氛，拉近大家的距离。

（3）多检讨自己少责怪对方。

遇到问题时，先想想自己有什么做得不好的地方，诚恳地向顾客检讨自己的不足，不要上来就先指责顾客。例如，有些宝贝细节明明有介绍，可是顾客没有看到，这时，不要光指责顾客不好好看商品说明，而是应该反省自己没有及时提醒顾客。当遇到不理解顾客想法的时候，不妨多询问顾客是怎么想的，然后把自己放在顾客的角度去体会他的心境。

（4）坦诚相待，诚信第一。

买卖交易中，首要的是诚信，对于销售中的商品不要隐瞒任何问题，否则这些失信的行为将使自己失去更多潜在的和眼前的顾客（中差评都有可能是致命的）。最常见的是有些商品存在小瑕疵，拿货时没发现问题，到拍摄或检查时才发现，有些甚至顾客要订货时才检查出问题，那么关于这些小瑕疵都要在宝贝描述中表述清楚，如果在顾客询问后才发现问题的，要在顾客决定购买付款之前表述清楚。

（5）尊重对方立场。

多使用"您"或"咱们"这样的文字，少用"我"，让顾客感觉客服在全心地为他考虑问题。当顾客表达不同的意见时，客服要力求体谅和理解顾客，表现出"我理解您现在的心情，目前……"或"我也是这么想的，不过……"来表达，这样顾客能觉得客服在体会他的想法，能够站在他的角度思考问题，同样，顾客也会站在客服的角度来考虑。

（6）认真倾听，再判断和推荐。

要成为一个沟通高手，首先要学会成为善于聆听的卖家。当顾客未问完时，不要去打断，对顾客的发问，要及时准确地回答，这样顾客才会认为客服是在认真听他说话。善于理解与沟通，觉得被尊重，也才会对卖家的产品产生兴趣。同时倾听可以使对方更加愿意接纳客服的意见，这样再说话的时候，更容易说服对方。有时候顾客常常会用一个没头没尾的问题来开头，如"我送朋友送哪个好"，或者"这个好不好"。不要着急去回复他的问题，而是先问问顾客是什么情况，需要什么样的东西，如果他自己也不是很清楚，就需要客服来帮助他分析情况，然后站在他的角度为他推荐。

技巧7：宝贝破损、少件的处理方法

通常情况下，卖家都会或多或少遇到宝贝破损、少件、丢失的情况。当遇到这种情况时，该如何处理才能避免此类情况的发生。

（1）怎样避免出现宝贝破损、少件、物品丢失？

①发货前，做好包装加固。

②发货前对包装、质量、线头等细节问题多多检查。

③选择一个自己信任的、规范的且服务周到的快递物流公司。

④一些特殊的商品应当提前约定送货。避免在送货过程中出现商品破损、丢件。例如，一些易碎的瓷器，提前与买家约好若出现各种意外的解决办法。

（2）当淘宝卖家遇到宝贝出现破损、少件、物品丢失该怎么办?

①立即联系自己的买家，提供实物照片确认商品的真实情况。在沟通过程中，态度一定要端正，良好。

②向物流公司核实是谁签收的，是否是本人签收的。

③若不是买家本人签收的，且没有买家的授权，建议先退款并联系物流公司协商索赔，避免与买家之间出现误会。

④若是买家自己签收发现问题的，就应当立即和顾客协商退款、退货事宜。客户这边处理好后，再与物流协商赔款事宜。

技巧8：产品推广中套餐的搭配技巧

如何很好地利用搭配套餐，需要从以下几方面着手。

（1）从橱窗推荐的商品中选择，逐一使用套餐，因为这些是买家最容易看到的商品。

（2）先排序商品销量，从销量最好的商品开始设置搭配套餐。这是最关键的，选择什么样的商品进行搭配，关系到店中所有商品的整体销售，要让销量好的商品带动其他滞销的商品，还要让销量好的商品搭配新品推广。

（3）要选择有关联性的产品做搭配套餐活动，这样才能达到事半功倍的效果，如选择衣服+裤子、打印机+油墨等，相互搭配关联性强的产品。

（4）选择多少商品搭配也很重要，一般情况下搭配一个，也可多搭配一些。如果选择一个热卖商品并搭配一些不好卖的商品可以增加后者的流量。合理设置搭配套餐的价格，让买家产生购物欲望，可以根据自己的商品利润来决定，原则是搭得多优惠得多。让买家感觉到实惠和实用，遵循这两个原则很重要。

（5）设置套餐时，一定要站在买家的立场上考虑问题，这样可以提高套餐的成交率。

技巧9：精华帖题材的选择技巧

精华帖题材的选择需要注意以下技巧。

（1）题材必须是能引起广大淘友关注的内容。

帖子题材的选择是这个帖子能否成功的必然条件。在发帖之前首先要明确发表的帖子能够给别人带来什么收获，也就是帖子的亮点在哪里，有些帖子之所以有很高的浏览量，是因为帖子能够给别人带来收获或快乐。也就是说帖子一定要有"干货"，没有"干货"的帖子是不能吸引人的。

（2）围绕社会焦点发表自己的看法。

社会焦点往往是某一时段网民最关注的问题。作为职业卖家，应时刻关注互联网上的焦点问题，如果有自己独到的理解或看法，可以写出来。如果写出来的见解既合理又独特，也会吸引大批淘友跟随、支持，从而不断为其顶帖。

例如，可以分享创业经验。每个人都有一段故事，在淘宝世界中，自己的创业经验也许就能感动别人，自己在某方面的经验或许能让大部分人少走几道弯路。

（3）搜集整理热点话题。

如果自己没有好的文笔，也可以转载别人的帖子。把当前买家卖家最关注的话题资料整理并放到一个主帖中，别人在自己的帖子里就可以找到自己想要的答案，这样的帖子主要是方便大家阅读。

（4）根据自己的经验和专业知识来确定帖子的题材。

帖子的题材必须是自己的经验或是自己的亲身经历。很多新手卖家，自己没有成功的经验，写不出好的经验帖子。但是也可以写出自己的感受和一些成功的小经验，或者是一些教训，这些根据自己亲身经历和体会写出来的帖子才是真实的，才是最能够打动其他卖家和买家的。在写自己经营淘宝店故事的帖子中一定要植入一些软广告，否则就会造成帖子吸引了很多人浏览，却没有对店铺起到任何作用。

（5）根据帖子的题材选择要发表在论坛的哪一个版块。

要根据帖子的题材选择发布在论坛中相应的版块。即使自己写出一篇很好的帖子，如果选不对论坛版块也一样不起作用。

技巧 10：节假日的促销策略

经调查发现，任何一个节假日对于商家来说，都是一个活动机会，通常情况下就是开展促销活动，而活动中价格是促销的最终利器，它是除了质量、性能和款式之外决定买家是否购买的关键因素。卖家在考虑买家心理的基础上要创造出种种易于买家接受，且能激发消费欲望的价格促销方式。

下面为卖家总结了价格促销的六大策略，然后各卖家可以举一反三，运用到自己店铺的实际运营中。

（1）错觉折扣，给顾客不一样的感觉。

人们普遍认为打折的东西质量总会差一点，其实这也就是心理暗示，要打消这种心理暗示就要让买家觉得自己买的这个商品其实是原价的，但是自己花了更少的钱买到它了，赚到了。

面对这种情况，具体怎么去操作呢？例如，"您只要花 99 元就可以买到我们店里价值 129 元的商品"，或者"您只要花 199 元，就可以在我们店里挑选任何一件原价 269 ~ 399 元的商品"。这两个案例实际上都是在价格上的让利，但是给买家的感觉是完全不一样的，如果给 129 元的宝贝打个 7.7 折，那买家感觉这个宝贝就值 99 元，那他的质量估计也就是 99 元的质量。但是如果把方案改成"花 99 元就可以带走价值 129 元的商品"，买家会觉得这个商品的价值还是 129 元，但是只要花 99 元钱就得到了，他的质量品质还是 129 元的。

（2）限时抢购，让顾客蜂拥而至。

"限时抢购"的促销方案就是让顾客在规定的时间内自由抢购商品，并以超低价进行销售。例如，在店铺中，每天中午 12:00 到 12:05 之间拍下的宝贝，可以按五折的价格成交。这个促销看似大亏本，但实际上给店铺带来了急剧的人气提升和很多的潜在顾客。因为 5 分钟的挑选时间是仓促的，5 分钟之后，顾客还会在店里逛，既然来了总要买点什么，而且那些抢下五折商品的顾客可能因为觉得占到了大便宜而购买更多。所以，这种用限时抢购吸引顾客的注意，等顾客被吸引过来之后，就是让顾客自愿购买了。

（3）超值一元，舍小取大。

超值一元，就是在活动期间，顾客可以花一元钱买到平时几十元甚至上百元的商品。也许很多人不明白这个问题：这种促销方案不是会让店铺亏本很多吗？其实不然，从表面上看，这种 1 元购的商品确实赚不到钱，但是通过这些商品，店铺吸引了很多的流量，而一个顾客如果购买了一件 1 元商品，那么他同时再购买店铺中其他商品的可能性是很大的，因为同样需要支付一次邮费，为什么不再买点其他商品呢。而那些进到店铺中来却没有购买 1 元商品的买家，购买店铺中的其他商品的可能性也是非常大的。

（4）临界价格，顾客的视觉错误。

所谓的临界价格，就是在视觉上和感性认识上让人有第一错觉的那个价格。例如，以 100 元为界线，那么临界价格可以设置为 99.99 元或是 99.9 元，这种临界价格最重要的作用是给买家一个视觉错误，这个商品并没有上百，也只不过是几十元而已。尽管这个促销策略已经被超市、商场运用得泛滥了，但是也说明了这个方法屡试不爽，在实际的操作中，还是可以拿来使用的。

（5）阶梯价格，让顾客有紧迫感。

所谓的阶梯价格，就是商品的价格随着时间的推移出现阶梯式的变化。例如，新品上架第一天按 5 折销售，第二天 6 折，第三天 7 折，第四天 8 折，第五天 9 折，第六天原价销售。这样给顾客造成一种时间上的紧迫感，越早买越划算，减少买家的犹豫时间，促使他们尽快购物。当然阶梯的方式有很多，卖家可以根据自己的实际情况来设定。宗旨就是既吸引顾客又不会让店铺亏本。

（6）降价加打折，给顾客双重实惠。

降价加打折实际上就是对一件商品既降价，又打折，双重实惠叠加。相比纯粹的打折或是纯粹的降价，它多了一道弯，但是不要小看这道弯，它对顾客的吸引力是巨大的。第一，对于顾客来说，一次性的打折方案与降价加打折比起来，顾客毫无疑问地会认为后者更便宜。这种心理使客户丧失了原有的判断力，被促销所吸引。第二，对于店铺来说，提高了促销的机动性，提高了因促销而付出的代价。以100元商品为例，如果直接打6折，一件商品就会损失40元的利润。但是如果先把100元的商品降价10元，在打8折，那么一件商品损失的利润是28元。但是买家在感觉上还是后者比较好。

　　总体来说，以上促销活动是商家都会实施的，具体实施策略可以根据自身情况进行综合考虑运用到自己的店铺中，达到预期效果。

参考文献

[1]许应楠. 电子商务基础与实务［M］. 北京：高等教育出版社，2018

[2]杜小祥. 电子商务概论［M］. 上海：华东理工大学出版社，2019

[3]吴清烈. 网店运营与管理［M］. 北京：外语教学与研究出版社，2015

[4]华晓龙. 电子商务案例分析［M］. 2 版. 北京：人民邮电出版社，2020

[5]叶亚丽. 电子商务概论［M］. 北京：北京出版社，2021

[6]李小斌. 移动电子商务［M］. 北京：北京出版社，2020

[7]刘春青. 网络营销［M］.2 版. 北京：清华大学出版社，2021

[8]刘春青. 电子商务技能实训教程［M］. 2 版. 北京：科学出版社，2019

[9]刘康. 电子商务数据分析与应用［M］. 北京：北京出版社，2021